왕초보 1일 30분 영어회화

왕초보 1일 30분 영어회화

이서영 지음

LanCom
Language & Communication

머리말

구성과 특징

이 책은 '기본표현으로 말문을 열어보자', '일상표현으로 초보를 탈출하자'의 2개의 파트로 구성되어 있습니다. 각 파트는 내용적으로 독립되어 있기 때문에 어느 부분에서 시작해도 관계없습니다. 그렇지만, '기본표현으로 말문을 열어보자'는 모든 회화에 공통되는 기초표현을 다루었으므로 반드시 잘 익혀두기를 바랍니다. 어떤 상황에서든 유용하게 쓸 수 있으리라 믿습니다.

각 파트는 어떤 때에도 그때그때 적절하게 대응할 수 있도록 가능한 한 많은 상황과 장면을 예상해서 항목을 구성해 두었고, 각 항목은 편리하게 공부할 수 있도록 편집해 내용을 한눈에 알아볼 수 있도록 했습니다. 각 Unit마다 페이지에는 핵심이 되는 표현과 실제 회화의 예를 실어 응용력을 높일 수 있도록 했습니다. 항목이 다양하고 표현을 알기 쉽게 분류해서 수록했으므로 사전을 찾아보는 것처럼 편리하게 이 책을 활용할 수 있을 것입니다.

또한, 의사소통을 원활하게 하기 위해서는 외국의 관습이나 매너에 대한 지식도 빠뜨릴 수 없습니다. 이 책에서는 일상생활에 필요한 지식과 매너 그리고 한국인이 실수하기 쉬운 영어표현에 유의해서 설명하였습니다.

예를 들면 떠듬떠듬 말하더라도 바르고 아름다운 언어를 구사하는 사람은 상대방에게 호감을 줄 수 있습니다. 그래서 표현의 선택도 가능하면 정중하고 품위 있는 말을 엄선했으며, 슬랭표현은 때에 따라 필요하지만, 역효과를 일으키지 않을 정도로만 제한적으로 다루었습니다.

발음과 인토네이션

발음을 공부할 때는 함께 제공되는 mp3 파일을 이용하시길 바랍니다. 우리가 언어를 배울 때 듣는 것이 중요하다는 것은 두말할 필요가 없습니다. 오랫동안 듣는 연습을 하다보면 어느 순간 갑자기 말문이 열리게 되는 것을 경험할 수 있을 것입니다. 의사소통을 잘 하기 위해서 상대가 말하는 것을 정확하게 듣는 것이 무엇보다 중요합니다. 활용도가 높은 기본적인 표현을 가능한 한 많이 암기하는 것뿐만 아니라 네이티브의 발음을 통해서 듣는 연습을 지속적으로 병행하는 방법을 권해드립니다. 이때 듣는 연습을 하면서 실제로 소리를 내어 따라서 말해보는 것이 더욱 효과적입니다. 그 다음에 회화를 할 수 있는 기회를 스스로 만들어봅시다.

mp3 파일은 미국인이 실제 대화하는 속도로 녹음을 해서 표현은 각 한 번씩, 대화부분은 각 두 번씩 반복해서 들려드립니다. mp3 파일에 수록된 표현으로 대화를 듣는 연습과 말하는 연습을 같은 비중을 두고 공부하십시오.

또한, 회화에서는 인토네이션이 중요합니다. 녹음된 대화를 흉내 낸다는 기분으로 인토네이션도 따라서 발음하는 연습을 하십시오. 그러나 언어는 말하는 사람의 감정과 개성 그 외에 그때그때의 상황에 따라 다양하게 변하므로 교재에 나와 있는 대로 되지 않을 수도 있습니다. 표현의 의미를 충분히 이해했다면 상황에 따라 적절하게 활용할 수 있을 것입니다.

영어가 모국어가 아닌 사람이 자국어를 말하듯이 당당하게 말하는 모습을 흔히 볼 수 있습니다. 그 핵심은 의사를 전달하는 것이 목적입니다. 독자 여러분도 자신의 의사를 외국인에게 정확히 전달한다는 목적의식을 갖고 노력해보십시오. 이 책을 효과적으로 이용한다면 실제상황에서도 뜻하는 소기의 목적을 달성할 수 있을 것입니다.

끝으로 이 책이 독자 여러분의 영어실력 향상에 조금이나마 도움이 될 수 있기를 기대합니다.

목차

PART 1
기본표현으로 말문을 열어보자

UNIT 01 : 정중히 말을 걸 때 … 12
UNIT 02 : 격의 없이 말을 걸 때 … 15
UNIT 03 : 기쁠 때 · 놀랐을 때 … 18
UNIT 04 : 동정할 때 · 유감을 나타낼 때 … 22
UNIT 05 : 원인 · 이유를 말할 때 … 28
UNIT 06 : 대답할 때 – Yes · No … 31
UNIT 07 : 말을 이어갈 때 … 34
UNIT 08 : 맞장구 … 38
UNIT 09 : 동의할 때 · 찬성할 때 … 44
UNIT 10 : 부정할 때 · 찬성하지 않을 때 … 48
UNIT 11 : 추측할 때 … 54
UNIT 12 : 확신해서 말할 때 … 58
UNIT 13 : 승인할 때 … 63
UNIT 14 : 부탁할 때 … 67
UNIT 15 : 의무 · 필요를 말할 때 … 72
UNIT 16 : 가정 · 조건을 말할 때 … 75
UNIT 17 : 허락을 말할 때 … 78
UNIT 18 : 명령 · 금지를 말할 때 … 81

Tips

여러 가지 감정 표현 26 | 맞장구 표현 42 | 동의·부정 표현 52 | 추측·확신 표현 61
부탁하는 표현과 그 대답 70 | 허가·권유·제안 표현 90 | 확인·강조·빈도 표현 105
여러 가지 수량 표현 136

UNIT 19 : 권유할 때 84
UNIT 20 : 충고·제안할 때 87
UNIT 21 : 확인할 때 92
UNIT 22 : 강조해서 말할 때 96
UNIT 23 : 빈도를 말할 때 99
UNIT 24 : 비교해서 말할 때 102
UNIT 25 : 알아들을 수 없을 때 107
UNIT 26 : 다시 물을 때 110
UNIT 27 : 말을 꺼낼 때 113
UNIT 28 : 말을 중단할 때·화제를 바꿀 때 117
UNIT 29 : 시간을 말할 때 120
UNIT 30 : 시간을 물을 때 124
UNIT 31 : 날짜를 말할 때 127
UNIT 32 : 날짜를 물을 때 130
UNIT 33 : 수량을 물을 때 133
UNIT 34 : 의문사를 이용하는 의문형 138
UNIT 35 : 부가의문 141
UNIT 36 : 수사의문 144

PART 2
일상표현으로 초보를 탈출하자

UNIT 01 : 일상적인 인사 148
UNIT 02 : 오랜만에 만났을 때의 인사 151
UNIT 03 : 헤어질 때의 인사 154
UNIT 04 : 작별 인사 157
UNIT 05 : 안부를 전하는 말 161
UNIT 06 : 처음 만났을 때의 인사 164
UNIT 07 : 소개 168
UNIT 08 : 자기소개 172
UNIT 09 : 날씨 175
UNIT 10 : 마중 178
UNIT 11 : 배웅 182
UNIT 12 : 축하 185
UNIT 13 : 문병 188
UNIT 14 : 문상 191
UNIT 15 : 감사 195
UNIT 16 : 사과 199
UNIT 17 : 초대 202
UNIT 18 : 거절 205

Tips

부인을 어떻게 부르는가? 167 | 처음 만났을 때 171 | 조문 매너 194 | 레이디 퍼스트 212
테이블 매너 221 | BYOB 파티 222 | 겸양 표현 226 | 약속의 확인과 변경 234 | 건물내 259

UNIT 19 : 방문	208
UNIT 20 : 음료를 권할 때	214
UNIT 21 : 식사	218
UNIT 22 : 선물을 줄 때	223
UNIT 23 : 사진을 찍을 때	227
UNIT 24 : 면회	230
UNIT 25 : 형편을 물을 때	235
UNIT 26 : 건물 내를 안내할 때	238
UNIT 27 : 교통기관을 안내할 때	241
UNIT 28 : 길안내 – 장소·방향을 물을 때	244
UNIT 29 : 길안내 – 길을 물을 때	247
UNIT 30 : 길안내 – 가는 방법·안내를 부탁할 때	250
UNIT 31 : 길안내 – 길을 가르쳐 줄 때	253
UNIT 32 : 길안내 – 길을 가르쳐 줄 수 없을 때	256
UNIT 33 : 전화 – 가정에서	261
UNIT 34 : 전화 – 부재중일 때	264
UNIT 35 : 전화 – 사무실에서	267
UNIT 36 : 잘못 걸린 전화·기타	270

PART 1

기본표현으로
말문을
열어보자

UNIT 01 정중히 말을 걸 때

Basic Expressions of English Conversation

Basic Expressions

- **Sir.** 〈남성에게〉
  써르
  여보세요.

- **Madam(= Ma'am).** 〈여성에게〉
  매덤   매앰
  여보세요.

- **Miss.** 〈미혼여성이나 젊은 여성에게〉
  미스
  여보세요.

- **Excuse me.**
  익스큐즈 미
  실례합니다.

- **Pardon me.** 〈상대나 장소에 관계없이 쓸 수 있다.〉
  파르든 미
  실례합니다.

★ Excuse me.는 상대나 장소에 관계없이 쓸 수 있고, 다음과 같이 부르는 방법도 알아두면 편리하다. Miss… 식당, 백화점, 교통기관 등에서 여자 직원을 부를 때 사용한다. 예를 들면 Waitress!, Stewardess!라고 부르는 대신으로 쓸 수 있다. 영국보다는 미국에서 많이 쓴다.

★ 상대의 이름을 알고 있고 손윗사람이면 Mr. Smith(남성), Mrs. Smith(기혼 여성), Miss Smith(미혼 여성)와 같이 부른다. Miss와 Mrs.를 결합한 경칭으로 Ms.도 많이 사용된다. Mr. / Mrs. / Miss 모두 성(surname) 앞에 붙이므로 Miss Sun-hee라고는 하지 않는다. 가까워지면 성이 아닌 이름(first name)으로 부르는 경우가 많다. "캔이라고 불러 주세요."는 Please call me Ken.이라고 한다.

Dialog

Excuse me, ma'am.
익스큐즈 미 매앰

You dropped your handkerchief.
유 드롭드 유어ㄹ 행커ㄹ치프

Oh, thank you so much.
오우 쌩큐 쏘 머취

실례지만, 부인. 손수건을 떨어뜨렸어요.
아, 정말 고마워요.

Pardon me, but do you speak French?
파ㄹ든 미 벗 두 유 스픽 프렌치

Yes, but only a little.
예스 벗 오운리 어 리를

실례합니다만, 프랑스어를 할 줄 아세요?
네, 조금은요.

Excuse me, sir. What time is it now?
익스큐즈 미 써ㄹ   왓 타임 이짓 나우

It's 7:30.
잇츠 쎄븐 써리

💬 **Thank you very much.**
땡큐 베리 머치

실례지만, 선생님. 지금 몇 시입니까?
7시 반입니다.
대단히 감사합니다.

💬 **Excuse me, officer.**
익스큐즈 미 오피서르

Would you please tell me the way to the nearest station?
우쥬 플리즈 텔 미 더 웨이 투 더 니어리스트 스테이션

💬 **Yes, certainly. I'll draw a rough map for you.**
예스 써르튼리   아일 드로우 어 러프 맵 풔르 유

실례지만, 경관님. 가장 가까운 역으로 가는 길을 가르쳐 주시겠어요?
네, 그러지요. 약도를 그려 드리겠습니다.

UNIT 02

Basic Expressions of English Conversation

격의 없이 말을 걸 때

Basic Expressions

■ **Hello.**
헬로우
야. / 이봐. / 여보세요.

■ **Hi.**
하이
야. / 이봐. / 안녕.

■ **Say.**
쎄이
야. / 이봐. / 여보세요.

■ **Hey.**
헤이
야. / 이봐.

■ **Listen.**
리슨
저.

■ **Look.**
룩
저.

■ **Come on.**
컴 언

자.

★ 직업이나 지위를 그대로 부르는 말로 쓸 수도 있다.
Mr. President!(대통령님!), Mr. Ambassador!(대사님!), Mr. Chairman!(의장님!), Porter(포터!), Waiter(웨이터!), Officer(경찰! - 일반적으로 제복을 입고 근무하는 사람들에 대한 경칭)

★ 교수(Professor), 박사(Doctor), 신부(Father) 또는 의사, 군인 등 계급의 칭호 또는 직함을 붙일 때에는 다음과 같이 성 앞에 붙인다. Dr. Kim(김 박사), Prof. Brown(브라운 교수), Captain Harris(해리스 대위). 직위 등을 붙여서 부부를 부를 때에는 Governor and Mrs. Smith(스미스 지사 부부), Mayor and Mrs. Tomson(톰슨 시장 부부)

Dialog

💬 **Hello, Jack.**
헬로우 잭

💬 **Welcome, Bob. I've been waiting for you to come.**
웰컴 밥   아이브 빈 웨이링 풔르 유 투 컴

안녕, 잭.
환영해, 봅. 네가 오길 기다리고 있었어.
➜ wait for~ ~을 기다리다

💬 **Listen, there's some good way to solve this.**
리슨 데어르즈 썸 굿 웨이 투 솔브 디스

💬 **Oh, really?**
오우 리얼리

들어보세요, 이 문제를 풀 수 있는 좋은 방법이 있어요.
그게 정말이에요?
- ➔ solve 해결하다
- ➔ really는 놀람이나 의심의 느낌일 때는 올려서 말한다.

💬 **Hi, Mary. Where are you going?**
하이 메리   웨어르 아르 유 고우잉

💬 **I'm just going to see the movies.**
아임 저스트 고우잉 투 씨 더 무비즈

You'll come, won't you?
유일 컴 웡츄

안녕, 메리. 어디 가니?
영화 보러 가는데, 같이 가지 않을래?

💬 **Hey, Emily, take a look.**
헤이 에밀리 테이커 룩크

💬 **Oh, it's really beautiful. It looks very nice on you.**
오우 잇츠 리얼리 뷰리플   잇 룩스 베리 나이스 언 유

이봐, 에밀리, 좀 봐 줘.
아, 정말 예쁘구나. 아주 잘 어울리는 것 같아.

UNIT 03 기쁠 때 놀랐을 때

Basic Expressions of English Conversation

Basic Expressions

- **Wonderful.**
  원더르풀
  멋지군요.

- **Splendid.**
  스플렌디드
  멋지군요. / 훌륭해요.

- **Excellent.**
  엑설런트
  멋지군요. / 훌륭해요.

- **Incredible.**
  인크레더블
  믿을 수 없어요.

- **That's fine.**
  댓츠 파인
  좋아요.

- **That's great.**
  댓츠 그레잇
  멋져요. / 훌륭해요.

- **Thank God.**
  쌩크 가드
  감사해요.

- **Oh, my.**
  오우 마이
  어머나. / 이런.

- **Oh, dear.**
  오우 디어르
  어머나. / 이런.

- **Gee.**
  쥐
  이런.

- **Gosh.**
  가쉬
  이런.

- **Oh, no.**
  오우 노우
  거참. / 맙소사.

- **Well, I never.**
  웰 아이 네버르
  거참. / 맙소사.

Dialog

🗨 **Here's your present from me.**
히어르즈 유어r 프레즌트 프럼 미

💬 **Oh, wow! Wonderful!**
오우 와우   원더r풀

Thank you so much for your thoughtfulness, Susan.
쌩큐 쏘우 머치 풔r 유어r 쏘웃풀니스 수잔

자, 내 선물이야.
와! 멋있다! 신경 써줘서 정말 고마워, 수잔.

➔ thoughtfulness 인정 많음, 친절

🗨 **Help yourself to the cake, please. This is homemade.**
헬프 유어r셀프 투 더 케익 플리즈   디스 이즈 호움메이드

💬 **Oh, my, this is very delicious. You are a good cook.**
오우 마이 디스 이즈 베리 딜리셔스   유 아r 어 굿 쿡

I wish I knew how to make it.
아이 위시 아이 뉴 하우 투 메이킷

🗨 **I'm glad you like it.**
아임 글래드 유 라이킷

케이크 좀 들어보세요. 집에서 만든 거예요.
어머나, 정말 맛있네요. 요리를 잘 하시는군요.
만드는 방법을 알고 싶은데요.
맛있다니 기쁘군요.

➔ help yourself to~ ~을 마음대로 가져다 먹다

💬 **Gee, you look very beautiful today.**
쥐 유 룩 베리 뷰리플 투데이

💬 **Oh, you flatter me?**
오우 유 플래러r 미

와, 오늘 정말 예뻐 보이는데요.
아, 괜한 칭찬이죠?

> ➔ flatter 아첨하다, 추켜세우다

💬 **Did you call Mike in the morning?**
디쥬 콜 마이크 인 더 모r닝

💬 **Oh, dear! I completely forgot about it.**
오우 디어r　　아이 캄플릿리 풔r갓 어바우릿

아침에 마이크에게 전화했어요?
아, 이런! 깜빡했어요.

UNIT 04 동정할 때 유감을 나타낼 때

Basic Expressions of English Conversation

Basic Expressions

- **I'm very sorry.**
  아임 베리 쏘리
  정말 안됐습니다.

- **It's a pity.**
  잇츠 어 피리
  유감입니다. / 슬픈 일입니다.

- **I feel ashamed.**
  아이 필 어쉐임드
  부끄럽습니다.

- **That's too bad.**
  댓츠 투 배드
  정말 안됐군요.

- **I regret it very much.**
  아이 리그렛 잇 베리 머치
  정말 유감입니다.

- **What a sad thing!**
  와러 쌔드 씽
  슬픈 일이군요!

- **How terrible!**
  하우 테러블
  정말 끔찍하군요!

- **I know just how you feel.**
  아이 노우 저스트 하우 유 필
  당신 심정이 어떤지 알아요.

- **I can well understand your feelings.**
  아이 캔 웰 언더스탠드 유어르 필링즈
  당신 마음이 어떤지 잘 알아요.

- **I feel deep sympathy for you.**
  아이 필 딥 씸퍼씨 풔르 유
  깊은 동정을 느낍니다.

- **Please have courage.**
  플리즈 해브 커리쥐
  용기를 가지세요.

- **Cheer up!**
  취어르 업
  기운 내!

- **Take it easy. / Hang in there!**
  테이킷 이지   행 인 데어르
  기운 내! / 분발해!

- **Don't give up.**
  돈 기법
  포기하지 마세요.

Dialog

💬 **I have a bad headache.**
아이 해버 배드 해드에이크

💬 **That's too bad.**
댓츠 투 배드

머리가 정말 아파요.
안됐군요.

💬 **Mr. Wilson died yesterday.**
미스터르 윌슨 다이드 예스터르데이

💬 **I'm so sorry to hear that.**
아임 쏘우 쏘리 투 히어르 댓

윌슨 씨가 어제 돌아가셨어요.
정말 안됐군요.

💬 **Isn't there some other way to deal with the serious situation?**
이즌 데어르 썸 아더르 웨이 투 딜 위드 더 씨어리어스 씨츄에이션

💬 **It's a pity, but there's nothing more we can do under the existing conditions.**
잇츠 어 피리 벗 데어르즈 낫씽 모어르 위 캔 두 언더르 더 이그지스팅 컨디션즈

그 심각한 상황을 처리할 다른 방법은 없나요?
안됐지만 지금 상황에서 더 이상 우리가 할 수 있는 일은 없어요.

- ➔ deal with 처리하다
- ➔ serious situation 심각한 상황
- ➔ under the existing conditions 지금 상황에서

💬 **Mr. Burton was seriously hurt in a traffic accident yesterday.**
미스터르 버ㄹ튼 워즈 씨어리어슬리 허ㄹ트 인 어 트래픽 액시던트 예스터ㄹ데이

💬 **No, really? How terrible!**
노우 리얼리   하우 테러블

버튼 씨가 어제 교통사고로 중상을 입었어요.
아니, 그래요? 정말 안됐군요!

➔ traffic accident   교통사고

Tips

여러 가지 감정 표현

✽ 놀람을 나타내는 표현

• Boy…	놀람, 불쾌, 경멸, 승인 등을 나타낸다.
• My goodness…	'이런 / 어머'라는 놀람을 나타내고 주로 여성이 쓴다.
• My word…	이런 / 깜짝이야
• Heavens…	아 / 어쩌지
• Dear me…	이런 / 거참
• Good grief…	이런 / 어머 / 어쩌지
• Good heavens…	이런 / 어머 / 큰일났네
• Good gracious…	'이런 / 어쩌지 / 글렀어' 등 놀라움, 실망, 당혹 의 감정을 나타낸다.
• What a surprise!…	이런 / 놀랍군
• What a shame!…	심하다 / 이런 / 실망이다 / 걱정이다
• Wow!…	이런 / 놀랐다
• Well!…	이런 / 놀랐다

놀람 또는 의심을 나타내는 표현으로는 Really?(정말입니까?) / You don't say.(설마 / 정말이에요?) / No kidding!; You must be kidding!(농담이겠죠!)이 있다.

'농담을 한 번 했다'는 I don't mean what I say.라고 한다. '농담이 아니다'는 No, I'm serious.(진담이에요.), I mean what I say.(진담이에요.)

✽ 기쁨을 나타내는 표현

기쁨을 나타내는 표현에는 Great!(좋아!) / Bravo!(멋져!) / Attaboy!(굉장해!) / Well done!(잘 했어!) / Fantastic!(멋져!) / Marvelous!(믿을 수 없을 정도야!) / How lucky!(운이 정말 좋군!) / How wonderful!

How nice!(멋지구나!) 또는 Good for you!(잘 했어요!) / What a coincidence!(정말 우연이네요!) 등이 있다.

✱ 슬픔을 나타내는 표현

슬픔 또는 고뇌를 나타내는 표현에는 Oh, no!(맙소사!) / Alas!(아!) / How sad!(아, 슬프다!) 등의 표현이 있다.

✱ 비난 · 경멸을 나타내는 표현

비난 또는 경멸을 나타낼 때는 Shame on you!(부끄러운 줄 알아! / 꼴불견이다!) / No excuse!(변명 필요 없어!) / Don't be silly.(바보 같은 말 말아.) / Oh, nonsense!(어처구니없어!) / Oh, rubbish!(쓸데없어!) / Enough of that!(이제 됐어, 그만해!)

✱ 화가 났을 때의 표현

화가 났을 때는 Mind your own business!(참견하지 말아!) / Shut up!(입 다물어!) / Damn it.; Damn you.(제기랄.) / Go to hell!(꺼져!) / Piss off!(꺼져!) 등의 표현이 있다.

UNIT 05 원인 이유를 말할 때

Basic Expressions of English Conversation

Basic Expressions

- **Why ~?**
  와이
  왜 ~?

- **Because ~.**
  비커즈
  ~여서.

- **As ~.**
  애즈
  왜냐하면 ~. / ~여서.

- **For ~.**
  풔r
  ~여서. / ~이유로.

- **So ~.**
  쏘우
  그래서 ~.

- **Because of ~.**
  비커즈 어브
  ~때문에.

- **Owing to ~.**
  오우잉 투
  ~때문에. / ~덕택에.

- **due to ~.**
  듀 투
  ~때문에.

- **That's why ~.**
  댓츠 와이
  그 이유는 ~입니다.

Dialog

- **Why were you absent yesterday?**
  와이 워르 유 앱슨 예스터르데이
- **Because my mother was ill.**
  비커즈 마이 마더르 워즈 일

어제 왜 결석했어요?
어머니께서 아프셨거든요.

- **Why are you so late?**
  와이 아르 유 쏘우 레잇
- **Sorry I'm late.**
  쏘리 아임 래잇

  I got caught in a traffic jam, that's why I'm late.
  아이 갓 코옷 인 어 트래픽 잼 댓츠 와이 아임 래잇

왜 이렇게 늦었어요?
늦어서 미안해요. 교통이 막혔어요. 그게 늦은 이유예요.
➔ traffic jam 교통정체

💬 **I couldn't attend the party because I had a previous engagement.**
아이 쿠든 어텐드 더 파리 비커즈 아이 해더 프리비어스 인게이지먼트

💬 **I couldn't either, due to a slight cold.**
아이 쿠든트 이더ㄹ 듀 투 어 슬라잇 코울드

약속이 있어서 파티에 참석할 수 없었어요.

저도 못 갔어요. 감기 기운이 있어서요.

- attend 참석하다
- previous engagement 선약

💬 **Did you reach there on time?**
디쥬 리치 데어ㄹ 온 타임

💬 **No, I didn't.**
노우 아이 디든트

Because the train was delayed because of an accident.
비커즈 더 트레인 워즈 딜레이드 비커즈 어브 언 액시던트

정시에 도착했어요?

아뇨,

사고 때문에 열차가 연착했어요.

- delay 늦추다, 연기하다

UNIT 06 대답할 때 - Yes No

Basic Expressions of English Conversation

Basic Expressions

- **Is this your book?**
  이즈 디스 유어ㄹ 북ㅋ
  이것은 당신 책입니까?

- **Yes, it's mine.**
  예스 잇츠 마인
  네, 제 책입니다.

- **No, it's not mine.**
  노우 잇츠 낫 마인
  아뇨, 제 책이 아닙니다.

- **Isn't this your book?**
  이즌 디스 유어ㄹ 북ㅋ
  이것은 당신 책이 아닙니까?

- **No, it's not mine.**
  노우 잇츠 낫 마인
  네, 제 책이 아닙니다.

- **Yes, it's mine.**
  예스 잇츠 마인
  아뇨, 제 책입니다.

Dialog

🗨 **Aren't you happy?**
안츄 해피

💬 **Well, yes and no.**
웰 예스 앤 노우

행복하지 않나요?
글쎄요, 그렇다고도 아니라고도 할 수 없어요.

🗨 **Aren't you tired?**
안츄 타이어르드

💬 **No, not in the least. / Yes, I'm dead tired.**
노우 낫 인 더 리스트   예스 아임 데드 타이어르드

피곤하지 않나요?
네, 전혀 피곤하지 않아요. / 아뇨, 피곤해 죽겠어요.

🗨 **Don't you like her?**
돈츄 라익 허르

💬 **Yes, I like her. / No, I don't.**
예스 아이 라익 허르   노우 아이 돈트

그녀를 좋아하지 않나요?
아뇨, 좋아해요. / 네, 좋아하지 않아요.

🗨 **Can't you stay here during the vacation?**
캔트 유 스테이 히어ㄹ 듀어링 더 베이케이션

💬 **No, I'm afraid I can't.**
노우 아임 어프레이드 아이 캔트

휴가 기간 동안 여기서 머무를 수 없나요?
네, 그럴 것 같습니다.

🗨 **Don't you have any seats available?**
돈트 유 해브 애니 씻츠 어베일러블

💬 **No. I'm sorry, we're full up.**
노우 아임 쏘리 위아ㄹ 풀 업

빈자리 없습니까?
네. 미안하지만 꽉 찼습니다.

UNIT 07 말을 이어갈 때

Basic Expressions of English Conversation

Basic Expressions

- **er ~.**
  어르
  저. / 그리고.

- **Well ~.**
  웰
  그런데. / 저.

- **By the way.**
  바이 더 웨이
  그런데.

- **Incidentally.**
  인서덴틀리
  그런데. / 따라서.

- **Let me see.**
  렛 미 씨
  글쎄. / 저.

- **Well, you know.**
  웰 유 노우
  저.

- **Now, wait a minute ~.**
  나우 웨이러 미닛ㅌ
  저, 잠깐만 기다려 주세요.

- **Anyway.**
  애니웨이
  어쨌든. / 아무래도.

- **The fact is ~.**
  더 팩트 이즈
  사실은.

- **In short.**
  인 쇼르트
  즉.

- **In a nutshell.**
  인 어 넛쉘
  즉. / 요약하면.

- **In a word.**
  인 어 워르드
  한 마디로 말하면.

- **In other words.**
  인 아더r 워르즈
  다른 말로 하면.

- **To be brief.**
  투 비 브리프
  간단히 말하면.

■ **Needless to say.**
니들리스 투 쎄이

말할 필요도 없이.

■ **For example[instance].**
풔r 이그잼플[인스턴스]

예를 들면.

Dialog

💬 **When did you come home yesterday?**
웬 디쥬 컴 호움 예스터r데이

💬 **I came home … er … at eight in the evening.**
아이 케임 호움 어r 앳 에잇 인 디 이브닝

어제 언제 집에 왔어요?
그러니까 …. 밤 8시에 왔어요.

💬 **Do you know the name of the elegant lady dancing with Mr. Cole?**
두 유 노우 더 네임 어브 디 엘리건 레이디 댄싱 위드 미스터r 코울

💬 **Now, wait a minute ….**
나우 웨이러 미닛트

Oh, it's on the tip of my tongue.
오우 잇츠 온 더 팁 어브 마이 텅

콜 씨와 춤추고 있는 저 멋진 여자는 누구인지 알아요?
저, 잠깐만요 ….
아, 입에서 뱅뱅 도는군요.

➔ on the tip of one's tongue 말이 나올 뻔하여

💬 **What was that novelist's name?**
왓 워즈 댓 나블리스츠 네임

You know, he won the Nobel Prize.
유 노우 히 원 더 노벨 프라이즈

💬 **Well, let me see.**
웰 렛 미 씨

It was either Faulkner or Freeman;
잇 워즈 이더르 포크너르 오어르 프리맨

I'm not quite sure.
아임 낫 콰잇 슈어르

그 작가의 이름은 뭐였죠?
있잖아요. 노벨상을 받았던 ….
저, 글쎄 ….
포크너인가 프리만이었다고 생각되는데 확실하지 않아요.

- ➔ novelist 소설가
- ➔ Nobel Prize 노벨상

UNIT 08 맞장구

Basic Expressions of English Conversation

Basic Expressions

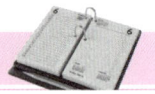

- **Is that so?**
  이즈 댓 쏘우
  그렇습니까?

- **Is that right?**
  이즈 댓 롸잇트
  맞습니까?

- **Really?**
  리얼리
  그렇습니까? / 정말입니까?

- **Yes, indeed.**
  예스 인디드
  사실이군요. / 그렇군요.

- **I see.**
  아이 씨
  그렇군요. / 알겠습니다.

- **I know.**
  아이 노우
  그렇군요. / 알겠어요.

- **I got it.**

  아이 가릿

  알았어요.

- **I understand.**

  아이 언더ㄹ스탠드

  알겠어요.

- **Fine.**

  파인

  좋아요.

- **Good.**

  굿

  좋아요. / 괜찮아요.

- **I'll say.**

  아일 쎄이

  동감이야.

Dialog

- Susie won the first prize in a speech contest.

  수지 원 더 풔르스트 프라이즈 인 어 스피치 컨테스트

- Really?

  리얼리

수지가 웅변대회에서 1등상을 받았어요.

그래요?

➔ speech contest 웅변대회

💬 **Bob is leaving for England next week.**
밥 이즈 리빙 풔르 잉글랜드 넥스트 위크

💬 **Is that so?**
이즈 댓 쏘우

밥이 다음 주에 영국으로 떠나요.
그래요?

💬 **What a beautiful flower!**
와러 뷰리플 플라우어르

💬 **Yes, indeed.**
예스 인디드

정말 아름다운 꽃이군요!
네, 정말 그러네요.

💬 **I think this measure will be much more effective.**
아이 씽크 디스 메줘르 윌 비 머치 모어르 이펙티브

💬 **I see.**
아이 씨

이 방법이 훨씬 효과적일 것 같아요.
그렇군요.

- ➔ measure 방법
- ➔ effective 효과적인

🗨 **I've passed the entrance examination for the University of Chicago.**
아이브 패스트 디 엔트런스 이그재미네이션 풔르 더 유니버르스티 어브 시카고

💬 **Is that right? That's wonderful!**
이즈 댓 롸잇   댓츠 원더르풀

Well, congratulations, Tom.
웰 컨그래추레이션즈 탐

시카고 대학 입학시험에 합격했어요.

그래요? 멋지군요.

축하해요, 톰.

- ➔ entrance examination 입학시험
- ➔ congratulation 축하

Tips

맞장구 표현

회화를 부드럽게 하기 위해서 적절하게 맞장구를 치면 좋다. 그러나 영어를 할 때 가장 어려운 것이 맞장구이다. 타이밍이 좋지 않으면 어색한 분위기가 되기 때문이다. 알맞은 맞장구는 회화를 생동감 있게 해준다. 묵묵히 가만히 있지 말고 다음 표현을 마스터해서 사용해보자.
쉽게 할 수 있는 방법으로 상대가 말한 문장의 주어와 동사를 이용하는 것이 있다.

A She is now in London. (그녀는 지금 런던에 있어요.)
B Is she? (그렇습니까?)

A I know his name. (제가 그의 이름을 알아요.)
B Do you? (그렇습니까?)

A I have been to Greece. (저는 그리스에 가본 적이 있어요.)
B Have you? (그렇습니까?)

A He will come soon. (그는 곧 올 겁니다.)
B Will he? (그렇습니까?)

A I must write to her. (그녀에게 편지를 써야 해요.)
B Must you? (그래요?)

A She wasn't born in Busan. (그녀는 부산에서 태어나지 않았어요.)
B Wasn't she? (그래요?)

A I don't like winter. (전 겨울이 싫어요.)
B Don't you? (그래요?)

A They can't run fast. (그들은 빨리 달리지 못해요.)
B Can't they? (그래요?)

A He doesn't work hard. (그는 열심히 일하지 않아요.)
B Doesn't he? (그래요?)

UNIT 09 동의할 때 찬성할 때

Basic Expressions of English Conversation

Basic Expressions

- **Oh, yes.**
  오우 예스
  네, 그렇습니다.

- **Why not?**
  와이 낫
  맞아요. / 좋아요.

- **Right.**
  롸잇
  맞아요.

- **Exactly.**
  이그잭틀리
  맞아요.

- **Absolutely.**
  앱설룻리
  맞아요.

- **Surely.**
  슈어ㄹ리
  확실해요. / 물론이에요.

- **It's true.**
  잇츠 트루
  맞아요.

- **That's right.**
  댓츠 롸잇
  맞아요.

- **Quite so.**
  콰잇 쏘우
  정말 그래요.

- **Indeed. / So it is.**
  인디드   쏘우 잇 이즈
  정말 그래요.

- **You're quite right.**
  유아르 콰잇 롸잇
  맞아요.

- **I agree with you.**
  아이 어그리 위드 유
  동감입니다. / 찬성입니다.

- **I think so, too.**
  아이 씽크 쏘우 투
  저도 그렇게 생각합니다.

- **That's it.**
  댓츠 잇
  바로 그 말이에요.

Of course.
어브 코르스

물론이죠.

Dialog

💬 **New York is one of the most fascinating cities in the world, don't you think?**
뉴욕 이즈 원 어브 더 모우스트 패시네이링 씨리즈 인 더 워르드 돈츄 씽크

💬 **Yes, I think so, too.**
예스 아이 씽크 쏘우 투

뉴욕은 세계에서 가장 매력적인 도시 가운데 하나예요. 그렇게 생각하지 않아요?
네, 저도 그렇게 생각해요.

➔ fascinating 매력적인

💬 **In my opinion the lifetime employment system is good and bad.**
인 마이 오피니언 더 라이프타임 임플로이먼트 시스템 이즈 굿 앤 배드

💬 **I agree with you.**
아이 어그리 위드 유

제 의견으로는 종신고용제도는 일장일단이 있어요.
동감입니다.

➔ opinion 의견
➔ lifetime employment 종신고용

💬 **I think this work is a little too much for such an inexperienced young man.**
아이 씽크 디스 워르크 이즈 어 리틀 투 머치 풔르 써치 언 인익스피어리언스트 영 맨

💬 **Yes, you're quite right.**
예스 유아르 콰잇 롸잇

이 일은 그런 미숙한 젊은이에게는 다소 무리인 것 같아요.
네, 맞습니다.

➔ inexperienced 경험이 없는, 미숙한

💬 **Do you agree with them?**
두 유 어그리 위드 뎀

💬 **Yes, of course.**
예스 어브 코르스

그들과 같은 생각이세요?
네, 물론이죠.

UNIT 10 부정할 때 찬성하지 않을 때

Basic Expressions of English Conversation

Basic Expressions

- **Oh, no.**
  오우 노우
  아닙니다. / 안됩니다.

- **On the contrary.**
  온 더 칸트래리
  그렇지 않아요. / 그 반대입니다.

- **By no means.**
  바이 노우 민즈
  결코 ~아닙니다.

- **I don't think so.**
  아이 돈 씽크 쏘우
  그렇게 생각하지 않습니다.

- **I don't agree with you.**
  아이 돈 어그리 위드 유
  찬성할 수 없습니다.

- **I disagree.**
  아이 디스어그리
  동의할 수 없습니다.

- **I rather doubt it.**
아이 래더르 다우릿
절대 그렇게 생각하지 않습니다.

- **You don't say!**
유 돈 쎄이
설마!

- **I object to it.**
아이 어브젝 투 잇
반대입니다.

- **Of course not.**
어브 코르스 낫
물론 아닙니다.

- **Certainly not.**
써르튼리 낫
절대 아닙니다.

- **Definitely not.**
데피닛리 낫
절대 아닙니다.

- **Absolutely no way.**
앱설룻리 노우 웨이
절대 아닙니다.

Dialog

🗨 **There's something in what he says.**
데어르즈 썸씽 인 왓 히 쎄즈

💬 **I don't think so.**
아이 돈 씽크 쏘우

그의 말에는 일리가 있어요.
저는 그렇게 생각하지 않아요.

➔ There's something in~. ~에는 일리가 있다.

🗨 **The task is too tough for Mary.**
더 태스크 이즈 투 터프 풔r 메리

💬 **I'm afraid I don't agree with you. I'm sure she can do it very well.**
아임 어프레이드 아이 돈 어그리 위드 유   아임 슈어r 쉬 캔 두 잇 베리 웰

그 일은 메리에게 무리예요.
동의할 수 없군요. 그녀는 아주 잘 할 겁니다.

➔ tough 곤란한, 고달픈

🗨 **Maybe, he'll come to apologize for what happened the other day.**
메이비 히일 컴 투 어팔러자이즈 풔r 왓 해픈 디 아더r 데이

💬 **I doubt it.**
아이 다우릿

아마 그가 요전의 일로 사과하러 올 거예요.
설마 그러겠어요.

➔ apologize 사과하다
➔ the other day 요전에

💬 **I'm getting a 90% raise.**
아임 게링 어 나인티 퍼r센트 레이즈

💬 **You don't say!**
유 돈트 쎄이

봉급이 90% 오를 거예요.
설마요!

➔ raise 봉급인상

💬 **I think we had better put it off until a week from now.**
아이 씽크 위 해드 베러r 푸릿 오프 언틸 어 위크 프럼 나우

💬 **I can't agree to your proposal.**
아이 캔트 어그리 투 유어r 프러포우절

그것을 일주일 뒤로 연기하는 것이 좋을 것 같군요.
당신의 제안에는 찬성할 수 없어요.

Tips

동의 · 부정 표현

동의할 때는 Oh, yes.가 가장 간단하고 편리하지만 항상 Yes만으로 대답하면 회화가 되지 않는다. 여러 가지 표현을 익혀서 생생한 회화를 해보자.

상대의 말이 자신의 경우와 딱 들어맞을 때는 So do I.나 Neither do I.를 사용하며, 이를 이용한 동의를 나타내는 다음과 같은 표현이 있다.

A I am happy. (나는 행복합니다.)
B So am I(= I am happy, too). (나도 행복합니다.)

A I like bananas. (나는 바나나를 좋아합니다.)
B So do I(= I like bananas, too). (나도 바나나를 좋아합니다.)

A I don't like carrots. (나는 당근을 좋아하지 않습니다.)
B Neither do I(= I don't like carrots, either).
(나도 당근을 좋아하지 않습니다.)

✱ 여러 가지 동의 표현

- Certainly …   물론입니다. / 좋고말고요. / 알겠습니다.
- Precisely …   맞아요. / 그렇지요.
- Apparently …   맞아요.
- Naturally …   물론. / 맞아요.
- Definitely …   맞아요. / 옳아요.
- Positively …   맞아요. / 그래요.
- Just so …   맞아요. / 그래요.
- You can say that again …   그래요. / 맞아요.

- How right you are …   그래요. / 맞아요.
- I see what you mean …   말한 그대로예요.
- That's exactly what I mean …   정말 그래요.
- That's precisely my sentiment … 전적으로 동감입니다.
- That's just what I was going to say … 바로 내가 하려던 말이에요.
- You bet …   「맞아.」격의 없이 쓸 수 있는 동의 표현
- I bet you …   틀림없어요. / 물론이에요.
- It's as clear as day[light] …   맞아요. / 명백해요.
- It's out of question …   문제없어요. / 확실해요.
- It seems reasonable …   타당한 것 같아요.
- That's not bad …   나쁘진 않군요.
- There seems to be no problem … 문제없는 것 같군요.
- That's about it …   「이 정도예요」. 여러 가지를 열거한 뒤에 「자, 이런 것입니다.」라고 단정을 지어 동의할 때에 사용하는 표현이다.

✱ 여러 가지 부정 표현

- Apparently not …   분명히 아닙니다.
- Far from it …   절대 아니에요.
- What an absurd idea! …   당치 않은 생각이에요!
- How can you say that? …   어떻게 그런 말을 할 수 있어요?
- It's out of the question …   문제가 되지 않아요. / 가망이 없어요.
- I'm not so sure about that …   「그럴까요. / 확실하지 않아요.」의 의미로 반대의 뜻을 우회적으로 말할 때 쓴다.

UNIT 11 추측할 때

Basic Expressions of English Conversation

Basic Expressions

- **Maybe.**
  메이비
  아마. / 어쩌면.

- **Perhaps.**
  퍼햅스
  아마. / 어쩌면.

- **Probably.**
  프라버블리
  아마. / 어쩌면.

- **Possibly.**
  파서블리
  아마. / 혹시.

- **I wonder ~.**
  아이 원더르
  ~이 아닐까?

- **My guess is ~.**
  마이 게스 이즈
  추측하자면.

- **It's just a guess, but ~.**
  잇츠 저스터 게스 벗
  추측에 지나지 않지만.

- **I suppose so.**
  아이 써포우즈 쏘우
  아마 그렇겠지요.

- **I guess so.**
  아이 게스 쏘우
  아마 그렇겠지요.

- **That's very likely.**
  댓츠 베리 라이클리
  아마 그렇겠지요.

- **I imagine that ~.**
  아이 이매진 댓
  ~라고 생각[상상, 추측]합니다.

- **It may be so. / It's possible.**
  잇 메이 비 쏘우   잇츠 파서블
  그럴지도 모릅니다.

- **Roughly speaking.**
  러플리 스피킹
  대강 말하자면.

Dialog

💬 **Will he give up smoking?**
윌 히 기브 업 스모우킹

💬 **Probably.**
프라버블리

그가 담배를 끊을까요?
아마 그럴 거예요.

💬 **I have a feeling Helen has more to do with this than anyone else.**
아이 해버 필링 헬렌 해즈 모어르 투 두 위드 디스 댄 애니원 엘스

💬 **I suppose so.**
아이 써포우즈 쏘우

헬렌이 이 일에 누구보다 관련이 있는 것 같습니다.
그럴 것 같군요.

➔ have something[nothing] to do with~ ~와 어떤 관계가 있다[없다]

💬 **Do you think he will tell the truth?**
두 유 씽크 히 윌 텔 더 트루스

💬 **Very likely. / That's not very likely.**
베리 라이클리   댓츠 낫 베리 라이클리

그가 진실을 말할 거라고 생각하세요?
그러겠지요. / 그럴 것 같지 않아요.

➔ not very likely는 very unlikely라고 할 수도 있다.

💬 **I wonder if the rumor is true.**
아이 원더ㄹ 이프 더 루머ㄹ 이즈 트루

💬 **Maybe it is true, but I can't say for sure. /**
메이비 잇 이즈 트루 벗 아이 캔트 쎄이 풔ㄹ 슈어ㄹ

Oh, no. It can't be true.
오우 노우   잇 캔트 비 트루

그 소문이 사실일까요?
사실일지도 모르지요. 그런데 확실히 말할 수 없군요. /
아니에요. 사실일리 없어요.

➔ rumor 소문

UNIT 12 확신해서 말할 때

Basic Expressions of English Conversation

Basic Expressions

- **I'm sure that ~.**
  아임 슈어ㄹ 댓
  틀림없이 ~라고 생각합니다.

- **I'm positive that ~.**
  아임 파지티브 댓
  틀림없이 ~라고 생각합니다.

- **I'm certain that ~.**
  아임 써르튼 댓
  틀림없이 ~라고 생각합니다.

- **There's no doubt about that.**
  데어르즈 노우 다웃 어바웃 댓
  그것임에 틀림이 없습니다.

- **I have no doubt of it.**
  아이 해브 노우 다웃 어브 잇
  그것을 확신하고 있습니다.

- **I'm convinced that ~.**
  아임 컨빈스드 댓
  ~라고 확신합니다.

- **It must be true.**
  잇 머스트 비 트루

  사실임에 틀림없습니다.

- **It can't be true.**
  잇 캔트 비 트루

  사실일 리가 없습니다.

- **It's impossible that ~.**
  잇츠 임파써블 댓

  ~은 전혀 가능성이 없습니다.

- **Quite sure.**
  콰잇 슈어ㄹ

  확실합니다.

Dialog

- 💬 **I'm convinced that he is innocent.**
  아임 컨빈스드 댓 히 이즈 이너슨트
- 💬 **So am I.**
  쏘우 앰 아이

나는 그가 결백하다고 확신합니다.
나도 그렇습니다.

➔ innocent 결백한

- 💬 **He is over 50 years old, I suppose.**
  히 이즈 오우버ㄹ 피프티 이어ㄹ즈 오울드 아이 써포우즈
- 💬 **He can't be so old. Perhaps he is around forty.**
  히 캔트 비 쏘우 오울드   퍼ㄹ햅스 히 이즈 어라운드 풔ㄹ티

그는 50살이 넘은 것 같아요.
그렇게 나이가 많을 리 없어요. 아마 40살쯤일 거예요.

> 💬 **How long has it been since we last met?**
> 하우 롱 해즈 잇 빈 씬스 위 래스트 멧
> 💬 **My, it must be six or seven years.**
> 마이 잇 머스트 비 씩스 오어르 쎄븐 이어르즈

지난번 만났던 이후로 오랜만이군요.
어머나, 6~7년 지난 것 같아요.

> 💬 **Will they get married?**
> 윌 데이 겟 메리드
> 💬 **There's no doubt about that.**
> 데어르즈 노우 다웃 어바웃 댓

그들은 결혼할까요?
틀림없어요.

> 💬 **I wonder if it will be fine tomorrow.**
> 아이 원더르 이프 잇 윌 비 파인 투마로우
> 💬 **I'm sure it will be fine.**
> 아임 슈어르 잇 윌 비 파인

내일 날씨가 좋을까요?
틀림없이 좋을 거예요.

추측 · 확신 표현

✱ 「seem ~인 것 같다 / appear; look ~처럼 보인다」를 이용한 추측 표현

appear, look은 겉보기에 '~인 것 같다' 라는 의미이다.

He seems (to be) kind. (그는 다정한 것 같다.)
It seems that he is kind. (그는 다정한 것 같다.)

He seems to have been kind. (그는 다정했던 것 같다.)
It seems that he was kind. (그는 다정했던 것 같다.)

This house appears to be comfortable to live in.
(이 집은 살기 좋은 것 같다.)
It appears that this house is comfortable to live in.
(이 집은 살기 좋은 것 같다.)

She looks happy. (그녀는 행복해 보인다.)
It looks like rain. (비가 올 것 같다.)

✱ 「may; might ~일지 모른다」를 이용한 추측 표현

The news may be true. (그 뉴스는 사실일지 모른다.)
The news might be true. (그 뉴스는 아마 사실일지도 모른다.)

✱ 가능성이 아주 낮은 경우의 추측 표현

The news may have been true. (그 뉴스는 사실이었는지도 모른다.)

Tips

✱ sure를 이용한 확신 표현

I am sure (that) she will succeed. (그녀는 틀림없이 성공할 것이다.)

She is sure to succeed. (그녀는 반드시 성공한다.)

I'm sure of her success. (나는 그녀의 성공을 확신한다.)

✱ 「must ~임에 틀림없다」를 이용한 확신 표현

The news must be true. (그 뉴스는 사실임에 틀림없다.)

The news must been true. (그 뉴스는 사실이었음에 틀림없다.)

UNIT 13 승인할 때

Basic Expressions of English Conversation

Basic Expressions

물을 때

- **Is it okay?**
  이짓 오우케이
  이제 됐습니까?

- **Is this all right?**
  이즈 디스 올 롸잇
  이제 됐습니까?

- **Is the camera all right with you?**
  이즈 더 캐머라 올 롸잇 위드 유
  카메라는 이것이면 됩니까?

- **Will this do?**
  윌 디스 두
  이것이면 되겠습니까?

- **Is this good?**
  이즈 디스 굿
  이것이면 좋습니까?

- **Will this be fine?**
  윌 디스 비 파인
  이것이면 좋습니까?

- **How's this?**
  하우즈 디스
  이건 어떻습니까?

대답할 때

- **That's (quite) all right.**
  댓츠 (콰잇) 올 롸잇
  좋습니다.

- **That will do.**
  댓 윌 두
  좋아요.

- **That's good enough.**
  댓츠 굿 이너프
  충분합니다.

- **Nothing could be better.**
  낫씽 쿠드 비 베러ㄹ
  더할 나위 없어요.

- **It's perfect.**
  잇츠 퍼ㄹ펙트
  아주 좋아요.

Dialog

💬 **I'll meet you at 2 o'clock tomorrow if that's convenient.**
아일 밋츄 앳 투 어클락 투마로우 이프 댓츠 컨비니언트

💬 **That will be fine.**
댓 윌 비 파인

시간이 된다면 내일 2시에 뵙겠습니다.
좋습니다.
> ➔ convenient 시간[형편]이 좋은

💬 **Is the suitcase all right with you?**
이즈 더 숫케이스 올 롸잇 위드 유

💬 **Yes, it's quite all right, thank you.**
예스 잇츠 콰잇 올 롸잇 땡큐

여행 가방은 이것이면 됩니까?
네, 괜찮습니다. 감사합니다.
> ➔ 간단히 Quite all right. 이라고도 할 수 있지만 다소 격의 없는 느낌이 있다.

💬 **Is the report all right?**
이즈 더 리포르트 올 롸잇

💬 **Nothing could be better.**
낫씽 쿠드 비 베러르

그 보고서 괜찮습니까?
아주 좋습니다.

- 💬 **How is the schedule?**
  하우 이즈 더 스케줄
- 💬 **That's fine with me.**
  댓츠 파인 위드 미

일정은 어떻습니까?
좋습니다.
> ➔ schedule 일정, 계획

- 💬 **There will be a ten-minute wait or so.**
  데어ㄹ 윌 비 어 텐 미닛 웨잇 오어ㄹ 쏘우
- 💬 **That will be okay.**
  댓 윌 비 오우케이

10분 정도 기다리셔야 되는데요.
괜찮습니다.

UNIT 14 부탁할 때

Basic Expressions of English Conversation

Basic Expressions

- **Please help me.**
  플리즈 헬프 미
  저를 좀 도와주세요.

- **Help me, will you?**
  헬프 미 윌 유
  좀 도와주겠어요?

- **I'd like you to help me, please.**
  아이드 라익 유 투 헬프 미 플리즈
  좀 도와 주셨으면 합니다.

- **I wonder if you would help me.**
  아이 원더르 이프 유 우드 헬프 미
  좀 도와주실 수 있겠어요?

- **May I ask you to help me?**
  메이 아이 애스크 유 투 헬프 미
  도와주겠습니까?

- **Will[Would] you please help me?**
  윌[우드] 유 플리즈 헬프 미
  도와주겠습니까?

67

- **Can[Could] you help me?**
  캔[쿠드] 유 헬프 미
  도와주겠습니까?

- **Do[Would] you mind helping me?**
  두[우드] 유 마인드 헬핑 미
  도와주지 않겠습니까?

- **Would you be so kind as to help me?**
  우쥬 비 쏘우 카인드 애즈 투 헬프 미
  도와주시지 않겠습니까?

- **May I ask you a favor?**
  메이 아이 애스크 유 어 페이버르
  부탁 하나 드려도 될까요?

Dialog

- Could you give me a call tomorrow?
  쿠쥬 기브 미 어 콜 투마로우
- All right.
  올 라잇

내일 전화 주시겠어요?
알겠어요.

- May I ask you to see me for a minute?
  메이 아이 애스크 유 투 씨 미 풔러 미닛
- Yes, I'd be glad to.
  예스 아이드 비 글랫 투

잠깐 만났으면 하는데요.
네, 기꺼이.

💬 **Would you please do me a favor?**
우쥬 플리즈 두 미 어 페이버르

💬 **Certainly. What can I do for you?**
써르튼리   왓 캔 아이 두 풔르 유

부탁 하나 들어 주시겠습니까?
그러지요. 뭐죠?

💬 **Would you mind opening the window?**
우쥬 마인드 오프닝 더 윈도우

💬 **No, not at all.**
노우 나래롤

죄송하지만 창문을 열어도 괜찮겠어요?
네, 좋아요.

➔ 「창을 열어도 신경 쓰이지 않겠습니까?」라고 묻는 것이므로 대답은 「아뇨, 신경 쓰이지 않아요.」 즉 No로 해야 한다.

💬 **Will you take me there, Tom?**
윌 유 테익 미 데어르 탐

💬 **Oh, all right. If you insist.**
오우 올 롸잇   이퓨 인시스트

톰, 거기에 데려다 주겠니?
굳이 그렇다면, 좋아.

➔ If you insist는 「그렇게 말한다면」이라는 부탁에 대한 대답이다. 단, 상대의 부탁에 대해 「정 그렇다면」이라고 다소 소극적으로 부탁을 들어주는 경우에 쓰인다.

Tips

부탁하는 표현과 그 대답

✽ 완곡한 부탁 표현

I wonder if you would help me.
I wonder if you would mind helping me.
「도움을 청해도 될까요?」라는 의미로 알고 지내는 사이에 정중히 부탁할 때 사용한다.
I should appreciate it greatly if you would be so kind as to help me.
I should be greatly indebted to you if you would help me.
「만일 도움을 주신다면 큰 은혜가 되겠습니다.」라고 상대방의 의사를 존중해서 완곡하게 부탁하는 정중한 표현이다.

✽ I'd like you to ~. 「~해 주었으면 한다.」를 이용한 부탁 표현

I'd like you to help me.
「저를 좀 도와주세요.」의 의미로 뒤에 If you can이나 please를 붙이면 부드럽다. I want you to ~.도 같은 의미지만 「~해주었으면 한다.」라는 느낌이 강해 딱딱한 명령적인 어조가 된다. 일상생활에서는 정중한 표현인 I'd like you to ~, please.가 좋다.

✽ 정중한 표현

일반적으로 동사의 과거형을 이용하면 정중한 표현이 된다. 부탁할 때의 Will you ~?; Can you ~?(~해주겠어요?) 보다는 Would you ~?; Could you ~?가 정중하다.
또한 허락을 구할 때의 May I ~?(~해도 됩니까?)보다 Might I ~?가 보다 정중한 표현이다.

✻ 부탁에 대한 대답

부탁을 들어주는 경우에는 Yes, of course. / Certainly. / Surely. / Sure. / All right.(네, 좋아요.) 또는 Yes, with pleasure. / I'd be glad to.(도울 수 있어서 기쁘군요.)라고 대답한다.

가까운 사이에서 무엇인가를 부탁받았을 때 단지 Yes.라고 대답하면 소극적인 느낌이 되므로 그럴 때에는 Sure.(그러지요.)라고 대답하는 것이 적극적인 느낌을 줄 수 있다.

「네, 제가 할 수 있다면」은 Yes, I'll do it if I can. / I'll be glad to if I can. / Yes, if there's anything I can do for you.(가능한 일이면 무엇이든 하겠습니다.)라고 한다.

「형편에 따라서요.」는 That depends.라고 한다.

부탁을 들어줄 수 없는 경우에는 I'm afraid I can't. / I'm sorry, but I can't.(할 수 없을 것 같군요.) / I wish I could, but I'm afraid I can't.(그러고는 싶지만 할 수 없을 것 같아요.) / I'm afraid that's asking me a little too much.(제겐 좀 무리인 것 같군요.) / I'm sorry, but such things are beyond me.(미안하지만 제 능력으로는 할 수 없어요.)라고 대답한다.

어떤 경우에도 그저 간단하게 I can't.라고만 대답하지 말고 I'm afraid나 I'm sorry를 붙이는 것이 부드럽고 정중한 느낌을 준다.

UNIT 15 의무 필요를 말할 때

Basic Expressions of English Conversation

Basic Expressions

- **You must do it.**
  유 머스트 두 잇
  그것을 해야 합니다.

- **You have to do it.**
  유 해브 투 두 잇
  그것을 해야 합니다.

- **You ought to do it.**
  유 어트 투 두 잇
  그것을 해야 합니다.

- **You should do it.**
  유 슈드 두 잇
  그것을 해야 합니다.

- **You should have done it.**
  유 슈드 해브 던 잇
  그것을 해야 했어요.

- **It's necessary for you to do it.**
  잇츠 네써쎄리 풔르 유 투 두 잇
  그것을 할 필요가 있어요.

■ **You don't have to do it.**
유 돈트 해브 투 두 잇

그것을 할 필요는 없어요.

■ **You don't need to do it.**
유 돈트 니드 투 두 잇

그것을 할 필요는 없어요.

Dialog

🗨 **Must I tell it in detail?**
머스트 아이 텔 잇 인 디테일

💬 **You don't need to tell if you don't want to do so.**
유 돈 니드 투 텔 이퓨 돈 원 투 두 쏘우

그것을 상세히 말해야 합니까?
하고 싶지 않다면 말할 필요 없어요.
　➔ in detail 상세히

🗨 **Should I repeat that?**
슈다이 리핏 댓

💬 **If you will, please.**
이프 유 윌 플리즈

그걸 다시 말해야 합니까?
그렇게 해주시면 고맙겠습니다.

💬 **Do I have to go by myself?**
두 아이 해브 투 고우 바이 마이셀프

💬 **No, you don't have to.**
노우 유 돈 해브 투

혼자 가야 하나요?
아뇨, 그럴 필요 없어요.

💬 **Do I need to make a reservation?**
두 아이 니드 투 메이커 레저ㄹ베이션

💬 **Yes, you do.**
예스 유 두

예약을 할 필요가 있나요?
네, 해야 합니다.

💬 **You should have studied harder.**
유 슈드 해브 스터디드 하ㄹ더ㄹ

💬 **I regret that I have been lazy.**
아이 리그렛 댓 아이 해브 빈 레이지

더 열심히 공부해야 했어요.
지금까지 태만했던 것을 후회해요.
- ➔ regret 후회하다, 유감으로 생각하다
- ➔ lazy 게으른

UNIT 16 가정 조건을 말할 때

Basic Expressions of English Conversation

Basic Expressions

- **If I may.**
  이프 아이 메이
  괜찮다면.

- **If you please.**
  이퓨 플리즈
  괜찮다면 그러세요.

- **If you don't mind.**
  이퓨 돈트 마인드
  괜찮다면. / 상관없다면.

- **If that's the case.**
  이프 댓츠 더 케이스
  그런 경우라면.

- **If it isn't too much trouble.**
  이프 잇 이즌 투 머치 트러블
  그렇게 큰 문제가 없다면.

- **Without ~.**
  위다웃
  만일 ~가 없다면[없었다면].

- **Supposing ~.**
  써포우징

  만일 ~라면.

- **If he is honest, we'll employ him.**
  이프 히 이즈 아니스트 위일 임플로이 힘

  그가 정직하다면 채용하겠습니다. 〈조건〉

- **If he were honest, we would employ him.**
  이프 히 워r 아니스트 위 우드 임플로이 힘

  그가 정직하다면 채용할 것입니다. 〈가정〉

- **If he had been honest, we would have employed him.**
  이프 히 해드 빈 아니스트 위 우드 해브 임플로이드 힘

  그가 정직했다면 채용했을 것입니다. 〈가정〉

Dialog

- 💬 **I'd like to look at some watches in your window, if you don't mind.**
  아이드 라익 투 룩 앳 썸 워치즈 인 유어r 윈도우 이프 유 돈ㅌ 마인드

- 💬 **Certainly, ma'am.**
  써r튼리 매앰

괜찮다면 윈도우에 있는 시계를 보고 싶은데요.
그러세요, 부인.

- 💬 **If you were in my place, what would you do?**
  이퓨 워r 인 마이 플레이스 왓 우쥬 두

💬 **If I were in your place, I'd probably do the same thing.**
이프 아이 워ㄹ 인 유어ㄹ 플레이스 아이드 프라버블리 두 더 쎄임 씽

만일 당신이 제 입장이었다면 어떻게 했겠어요?
제가 당신 입장이었다면 역시 같은 일을 했을 거예요.

💬 **Without dreams, how dreary our life would be.**
위다웃 드림즈 하우 드리어리 아우어ㄹ 라이프 우드 비

💬 **That's true.**
댓츠 트루

꿈이라는 것이 없다면 우리 인생이 얼마나 따분할까요.
그럴 거예요.

➔ dreary 쓸쓸한, 따분한

💬 **I'd like to borrow it, if you don't mind.**
아이드 라익 투 바로우 잇 이퓨 돈 마인드

💬 **Oh, surely.**
오우 슈어ㄹ리

괜찮다면 그걸 빌리고 싶습니다.
네, 그러세요.

💬 **I'll check it, if I may.**
아일 체크 잇 이프 아이 메이

💬 **By all means, go ahead.**
바이 올 민즈 고우 어헤드

괜찮다면 조사해 보겠습니다.
네, 그러세요.

UNIT **17** Basic Expressions of English Conversation

허락을 말할 때

Basic Expressions

- **May I go?**
  메이 아이 고우

  가도 됩니까?

- **Is it all right if I go?**
  이짓 올 롸잇 이프 아이 고우

  가도 좋습니까?

- **Is it all right for me to go?**
  이짓 올 롸잇 풔 미 투 고우

  가도 좋습니까?

- **Do you mind if I go?**
  두 유 마인드 이프 아이 고우

  가도 괜찮습니까?

- **Do you think I could go?**
  두 유 씽크 아이 쿠드 고우

  가도 좋습니까?

- **I wonder if I could go.**
  아이 원더ㄹ 이프 아이 쿠드 고우

  가도 좋을까요?

- **Please let me go.**
  플리즈 렛 미 고우

  가게 해주세요.

- **Could you allow me to go?**
  쿠쥬 어라우 미 투 고우

  가게 해주시겠어요?

- **May I have permission to go?**
  메이 아이 해브 퍼르미션 투 고우

  가는 것을 허락해 주시겠습니까?

Dialog

> **May I borrow this book for a week?**
> 메이 아이 바로우 디스 북 풔러 위크
>
> **Sure.**
> 슈어르

이 책을 일주일간 빌려도 됩니까?
그러세요.

> **Is it all right if I go fishing next Sunday?**
> 이짓 올 롸잇 이프 아이 고우 피싱 넥스트 썬데이
>
> **Of course, it's perfectly all right.**
> 어브 코르스 잇츠 퍼르펙틀리 올 롸잇

다음 일요일에 낚시하러 가도 됩니까?
물론이죠, 정말 괜찮아요.

➔ go fishing 낚시하러 가다

💬 **Could you allow me to take a day off?**
큐쥬 어라우 미 투 테이커 데이 어프

💬 **Yes, it would be all right.**
예스 잇 우드 비 올 롸잇

하루 쉬어도 됩니까?
네, 좋습니다.

➔ take a day off 하루 휴가를 얻다

💬 **Do you mind if I smoke?**
두 유 마인드 이프 아이 스모우크

💬 **No, I don't mind. Please go ahead.**
노우 아이 돈트 마인드   플리즈 고우 어헤드

담배를 피워도 괜찮습니까?
네, 조금도 신경 쓸 필요 없어요. 어서 피우세요.

➔ mind는 「마음에 꺼리다」라는 의미이므로 상대에게 허락을 할 때에는 No를 써야 한다. 이것은 한국 사람이 자주 헷갈리는 한 가지 예이다. 같은 의미로 이외에 not in the least라고도 한다.

➔ go ahead 「어서 하세요.」는 상대를 재촉할 때 쓴다.

UNIT 18 명령 금지를 말할 때

Basic Expressions of English Conversation

Basic Expressions

- **Come in.**
  컴 인
  들어와요.

- **Please come in.**
  플리즈 컴 인
  들어오세요.

- **Don't come in.**
  돈 컴 인
  들어오지 말아요.

- **Please don't come in.**
  플리즈 돈 컴 인
  들어오지 마세요.

- **Never come in.**
  네버 컴 인
  절대 들어오지 마세요.

- **You have to come in.**
  유 해브 투 컴 인
  들어와야 합니다.

- **You are to come in.**
  유 아르 투 컴 인

  들어와야 합니다.

- **You are supposed to come in.**
  유 아르 써포우즈드 투 컴 인

  들어와야 합니다.

- **You'll come in, won't you?**
  유일 컴 인 웡츄

  들어오겠어요?

- **You are not allowed to come in.**
  유 아르 낫 어라우드 투 컴 인

  들어오면 안돼요.

Dialog

💬 **Don't go out today.**
돈 고우 아웃 투데이

💬 **Why not?**
와이 낫

오늘 외출하면 안 돼요.
왜 안 되죠?

💬 **Jim, you have to answer my question.**
짐 유 해브 투 앤서르 마이 퀘스쳔

💬 **Yes, sir.**
예스 써르

짐, 질문에 대답하세요.
네, 선생님.

💬 **Be careful when you cross the street.**
비 케어r풀 웬 유 크로스 더 스트릿트

💬 **Oh, yes. I will.**
오우 예스   아이 윌

길을 건널 때는 조심해라.
네, 그럴게요.

💬 **Try your best. I'll let you do as you like.**
트라이 유어r 베스트   아일 렛 유 두 애즈 유 라이크

But you are responsible for what you do.
벗 유 아r 리스판서블 풔r 왓 유 두

💬 **I understand.**
아이 언더r스탠드

최선을 다해라. 네 마음대로 하게 할 테니까.
그렇지만 자신의 행동에는 책임을 져야 해.
알겠어요.

➔ be responsible for~ ~는 …에 책임이 있다

💬 **May I take some pictures?**
메이 아이 테익 썸 픽쳐r스

💬 **No, you are not allowed to take pictures here.**
노우 유 아r 낫 어라우드 투 테익 픽쳐r스 히어r

사진을 찍어도 됩니까?
안됩니다, 여기서는 사진촬영이 금지되어 있습니다.

UNIT 19 권유할 때

Basic Expressions of English Conversation

Basic Expressions

- **Let's take a walk.**
  렛츠 테이커 워크
  산책합시다.

- **Shall we take a walk?**
  쉘 위 테이커 워크
  산책할까요?

- **Let's take a walk, shall we?**
  렛츠 테이커 워크 쉘 위
  산책할까요?

- **Won't you take a walk?**
  웡 유 테이커 워크
  산책하지 않을래요?

- **Would you like to take a walk?**
  우쥬 라익 투 테이커 워크
  산책하실래요?

- **Can we take a walk?**
  캔 위 테이커 워크
  산책하실래요?

Dialog

💬 **It's terribly hot today. Let's go swimming, shall we?**
잇츠 테러블리 핫 투데이   렛츠 고우 스위밍 쉘 위

💬 **Yes, let's.**
예스 렛츠

오늘 정말 덥군요. 수영하러 갈래요?
네, 갑시다.

💬 **Shall we go to the concert?**
쉘 위 고우 투 더 콘서트

💬 **That sounds good.**
댓 사운즈 굿

콘서트에 갈까요?
좋아요.

💬 **Won't you drop in on me?**
웡 유 드랍 인 언 미

💬 **I'd like to, if it isn't too much trouble.**
아이드 라익 투 이프 잇 이즌 투 머치 트러블

우리집에 들렀다 갈래요?
폐가 되지 않는다면 그러고 싶어요.

➔ drop in on~ ~의 집에 들리다

💬 **Would you like to go for a drive?**
우쥬 라익 투 고우 풔러 드라이브

💬 **I wish I could, but I have to go shopping now.**
아이 위시 아이 쿠드 벗 아이 해브 투 고우 샤핑 나우

드라이브 갈래요?
가고는 싶은데 지금 쇼핑하러 가야 해요.

💬 **Can we go on a picnic?**
캔 위 고우 온 어 피크닉

💬 **Why not?**
와이 낫

소풍가지 않을래?
좋지.

➔ go on a picnic 소풍가다
➔ why not은 「물론 가지요」라는 의미의 동의 표현

UNIT 20 충고 제안할 때

Basic Expressions of English Conversation

Basic Expressions

- **You had better go.**
  유 해드 베러르 고우
  가는 게 좋습니다.

- **You had best go.**
  유 해드 베스트 고우
  가는 게 가장 좋아요.

- **You should go.**
  유 슈드 고우
  가는 게 좋습니다.

- **How about going?**
  하우 어바웃 고우잉
  가는 게 어때요?

- **What about going?**
  왓 어바웃 고우잉
  가는 게 어때요?

- **Why don't you go?**
  와이 돈츄 고우
  가는 게 어때요?

- **Suppose we go.**
  쎄포우즈 위 고우

  우리가 가는 게 어떨까.

- **It might be better to go.**
  잇 마잇 비 베러ㄹ 투 고우

  가는 게 좋겠는데요.

- **I have a proposition.**
  아이 해브 어 프라퍼지션

  제안이 있습니다.

Dialog

💬 **Why don't you meet him now?**
와이 돈 유 밋 힘 나우

💬 **I'd better not.**
아이드 베러ㄹ 낫

Because he seems very busy all day today.
비커즈 히 씸즈 베리 비지 올 데이 투데이

지금 그를 만나는 게 어때?
아니, 그만 두자. 그는 오늘 하루 종일 바쁘니까.

💬 **How about going out for dinner?**
하우 어바웃 고우잉 아웃 풔르 디너ㄹ

💬 **Yes, I'd love to.**
예스 아이드 러브 투

외식하러 나갈래요?
네, 좋아요.

💬 **Dick, you had best follow my advice.**
   딕 유 해드 베스트 팔로우 마이 어드바이스

💬 **All right. I will.**
   올 롸잇   아이 윌

딕, 내 충고대로 하는 게 제일 좋아요.
알겠어요. 그렇게 할게요.
➔ follow one's advice　~의 충고 · 조언에 따르다

💬 **Suppose we get together to talk on the subject.**
   써포우즈 위 겟 투게더 투 토크 온 더 써브젝트

💬 **That's a good idea.**
   댓처 굿 아이디어

그 문제를 토의하기 위해 모이는 게 어떨까.
좋은 생각이야.
➔ get together　모이다

💬 **You'd better not stay up all night.**
   유드 베러르 낫 스테이 업 올 나잇

💬 **All right, mom. Good night.**
   올 롸잇 맘　　　　굿 나잇

밤을 새지 않는 게 좋겠어.
알겠어요, 어머니. 안녕히 주무세요.
➔ stay up all night　밤을 새다

Tips

허가 · 권유 · 제안 표현

✱ May I ~?와 Can I ~? 「~해도 좋습니까?」

모두 허가를 구하는 표현이지만 Can I ~?는 가까운 사이에 「~해도 되겠어?」라고 가볍게 허락을 구할 때 쓰는 격의 없는 표현이다.

✱ Do you mind if ~? 「~해도 괜찮겠습니까?」에 대한 대답

Do you mind if I smoke?(담배를 피워도 괜찮습니까?)의 대답으로 승낙할 경우에는 No, of course not.이나 No, not at all.(네, 그러세요.)이라고 한다.
완곡하게 거절하고 싶을 때에는 Well, I'd rather you didn't.(삼가 주었으면 하는데요.), 단호히 거절할 때는 Please don't.(피우지 마세요.) / Yes, I do mind.(곤란합니다.)라고 한다.

✱ What do you say ~? 「~하면 어떻습니까?」

How about?이나 What about?과 같은 의미로 권유나 제안에 쓰인다.
What do you say about going to Hawaii?
What do you say if we go to Hawaii?
모두 「하와이에 가면 어떻습니까?」라는 의미이다. do 대신에 would를 써서 What would you say ~?라고 하면 정중한 표현이 된다. What do you say ~?와 같은 의미이고 What do you think ~?라는 표현도 있다.

✱ Why not?의 3가지 의미

Why not?은 Why don't you ~? 「~하세요.」의 격의 없는 표현으로 사용하는 경우, 글자 그대로 「왜 ~하지 않습니까?」라고 이유를 묻는 경우와 「그렇고말고요.」라고 동의를 나타내는 경우의 3가지가 있다.

A   Why not take a rest? (잠깐 쉬세요.)
B   Why not? (그러지요.)

A   I can't go there. (난 거기 못 가요.)
B   Why not? (어째서요?)

✱ had better 보다 should가 완곡한 표현

had better는 글자대로는 「~하는 게 좋아요」 라는 완곡한 표현인데 실제 미국 영어에서는 가벼운 명령 또는 경우에 따라서는 강압적인 느낌을 줄 수가 있다. 회화에서는 should가 had better 보다는 완곡하고 부드러운 느낌이 된다. You had better~ 「~해야 합니다」와 must나 have to가 같은 의미인데 비해, should는 「~하는 게 좋아요」 라는 제안에 가까운 의미가 된다. 그러나 영국 영어에서는 had better와 should는 같은 정도의 느낌을 나타낸다.

UNIT 21 확인할 때

Basic Expressions of English Conversation

Basic Expressions

- **Please let me make (it) sure.**
  플리즈 렛 미 메이크 (잇) 슈어ㄹ
  확인시켜 주십시오.

- **May I go on?**
  메이 아이 고우 언
  계속해도 됩니까?

- **What does that mean?**
  왓 더즈 댓 민
  그것은 무슨 의미입니까?

- **What do you mean by that?**
  왓 두 유 민 바이 댓
  그것은 무슨 의미입니까?

- **Does it mean that ~?**
  더짓 민 댓
  그것은 ~라는 의미인가요?

- **Am I right in thinking ~?**
  앰 아이 롸잇 인 씽킹
  ~라고 생각해도 좋습니까?

- **Are you sure?**
  아르 유 슈어르
  맞습니까? / 정말입니까?

- **Do you mean[You mean] ~?**
  두 유 민[유 민]
  ~라는 말입니까?

- **Do you know what I mean?**
  두 유 노우 왓 아이 민
  제 말 뜻을 알겠습니까?

- **Do you understand?**
  두 유 언더르스탠드
  알겠습니까?

- **Did I make myself understood?**
  디드 아이 메익 마이셀프 언더르스투드
  이해했습니까?

- **Do I make myself clear?**
  두 아이 메익 마이셀프 클리어르
  이해했습니까?

- **What are you talking about?**
  왓 아르 유 토킹 어바웃
  무슨 말을 하는 겁니까?

- **I'd like to confirm it.**
  아이드 라익 투 컨펌 잇
  그것을 확인하고 싶습니다.

Dialog

🗨 **May I go on for confirmation?**
메이 아이 고우 온 풔ㄹ 컨풔ㄹ메이션

💬 **Yes, please.**
예스 플리즈

확인을 위해 계속해도 됩니까?
네, 그러세요.

🗨 **Do you understand what I'm saying?**
두 유 언더르스탠드 왓 아임 쎄잉

💬 **Yes, I got it.**
예스 아이 가릿

제가 말하는 걸 알겠습니까?
네, 알았습니다.

🗨 **You mean you don't want to compromise with them?**
유 민 유 돈 원 투 캄프러마이즈 위드 뎀

💬 **Frankly, no.**
프랭클리 노우

그들과 타협하고 싶지 않다는 말입니까?
솔직히 그렇습니다.

➔ compromise with~ ~와 타협하다

💬 **May I have your telephone number, please?**
메이 아이 해브 유어ㄹ 텔레폰 넘버ㄹ 플리즈

💬 **Certainly, it's 921-7624.**
써ㄹ튼리 잇츠 나인 투 원 쎄븐 씩스 투 풔ㄹ

💬 **Please let me make (it) sure.**
플리즈 렛 미 메이크 (잇) 슈어ㄹ

Nine-two-one-seven-six-two-four. Right?
나인 투 원 쎄븐 씩스 투 풔ㄹ   롸잇

💬 **Precisely.**
프리싸이즐리

전화번호를 물어봐도 됩니까?
네, 921-7624입니다.
확인하겠습니다. 921-7624. 맞습니까?
맞습니다.

➔ precisely 정확히

UNIT 22 강조해서 말할 때

Basic Expressions of English Conversation

Basic Expressions

- **I do believe you.**
  아이 두 빌리브 유
  당신만 믿습니다.

- **I definitely will come.**
  아이 데퍼닛리 윌 컴
  꼭 가겠습니다.

- **Be sure to come.**
  비 슈어r 투 컴
  꼭 오세요.

- **Don't fail to let me know.**
  돈 페일 투 렛 미 노우
  꼭 알려 주십시오.

- **I'll let you know without fail.**
  아일 렛 유 노우 위다웃 페일
  꼭 알려 드리겠습니다.

- **I'll come by all means.**
  아일 컴 바이 올 민즈
  꼭 들르겠습니다.

- **Where on earth have you been?**
  웨어르 온 어르스 해뷰 빈
  도대체 그동안 어디에 계셨습니까?

- **What in the world does he mean?**
  왓 인 더 워르드 더즈 히 민
  도대체 그는 무슨 말을 하는 겁니까?

- **The very thing I was looking for.**
  더 베리 씽 아이 워즈 루킹 풔r
  바로 제가 찾고 있던 것입니다.

- **It was yesterday that I came upon her.**
  잇 워즈 예스터r데이 댓 아이 케임 어펀 허r
  그녀를 우연히 만난 것은 바로 어제였습니다.

Dialog

- **Do come to see us again, please.**
  두 컴 투 씨 어스 어겐 플리즈
- **I'll come again by all means.**
  아일 컴 어겐 바이 올 민즈

꼭 다시 오세요.
꼭 다시 오겠습니다.

💬 **Have you seen that film yet?**
해뷰 씬 댓 필름 옛

💬 **No, not yet. But it's the very film that I want to see.**
노우 낫 옛　　벗 잇츠 더 베리 필름 댓 아이 원 투 씨

그 영화 봤어요?
아뇨. 그런데 정말 보고 싶은 영화예요.
　　➔ film 영화

💬 **Who was it that discovered radium?**
후 워즈 잇 댓 디스커버드 레이디엄

💬 **Madame Curie.**
매덤 퀴리

라듐을 발견한 사람은 누구지?
퀴리부인이야.
　　➔ Madame Curie 퀴리부인(1867~1934)

💬 **I did try, but I couldn't realize my dream.**
아이 디드 트라이 벗 아이 쿠든 리얼라이즈 마이 드림

💬 **Oh, never give up.**
오우 네버ㄹ 기법

Try again and again. Hang in there!
트라이 어겐 앤 어겐　　행 인 데어ㄹ

해봤지만 꿈을 이룰 수 없었어.
그래, 포기하지 마.
자꾸 해봐. 열심히 해!
　　➔ realize 실현하다
　　➔ again and again 몇 번이고(이렇게 같은 말을 반복해서 강조하는 방법도 있다.)
　　➔ hang in there 견디다, 버티다

UNIT 23 빈도를 말할 때

Basic Expressions of English Conversation

Basic Expressions

- **How many times a year do you go there?**
  하우 매니 타임즈 어 이어르 두 유 고우 데어르
  1년에 얼마나[몇 번] 그곳에 갑니까?

- **How often do you go there?**
  하우 오픈 두 유 고우 데어르
  얼마나 자주 그곳에 갑니까?

- **I usually go there.**
  아이 유절리 고우 데어르
  늘 그곳에 갑니다.

- **I go there every other day.**
  아이 고우 데어르 에브리 아더르 데이
  하루걸러 그곳에 갑니다.

- **I go there every three days.**
  아이 고우 데어르 에브리 쓰리 데이즈
  사흘마다 그곳에 갑니다.

- **I go there nearly every week.**
  아이 고우 데어르 니어르리 에브리 위크
  거의 매주 그곳에 갑니다.

99

- **I go there once a year.**
  아이 고우 데어ㄹ 원스 어 이어ㄹ

  1년에 한 번 그곳에 갑니다.

- **I seldom go there.**
  아이 셀덤 고우 데어ㄹ

  그곳에 거의 가지 않습니다.

- **I never go there.**
  아이 네버ㄹ 고우 데어ㄹ

  그곳에 절대 가지 않습니다.

Dialog

💬 **Do you come here all the time?**
두 유 컴 히어ㄹ 올 더 타임

💬 **Yes, almost always.**
예스 올머스트 올웨이즈

여기에는 늘 오세요?
네, 거의 항상 옵니다.

➔ all the time 늘, 항상

💬 **How often do you go to Europe on business?**
하우 오픈 두 유 고우 투 유럽 온 비즈니스

💬 **Nearly every month.**
니어ㄹ리 에브리 먼스

유럽에는 사업차 얼마나 자주 갑니까?
거의 매달 갑니다.

➔ on business 사업차, 업무차

🗨 **Do you often write to your parents?**
두 유 오픈 롸잇 투 유어ㄹ 페어런츠

💬 **Yes, I write to them every week.**
예스 아이 롸잇 투 뎀 에브리 위크

Well, several times a month.
웰 쎄브럴 타임즈 어 먼스

Every three days, but not always.
에브리 쓰리 데이즈 벗 낫 올웨이즈

No, I seldom do.
노우 아이 셀덤 두

부모님께는 자주 편지합니까?
네, 매주 편지를 씁니다.
저, 한 달에 몇 번 씁니다.
사흘에 한 번 쓰는데 항상 그렇지는 않아요.
아뇨, 거의 쓰지 않아요.

➔ write to~ ~에게 편지를 쓰다

UNIT 24 비교해서 말할 때

Basic Expressions of English Conversation

Basic Expressions

- **I like coffee better than tea.**
  아이 라익 커피 베러ㄹ 댄 티
  나는 홍차보다 커피를 좋아합니다.

- **I prefer tea to coffee.**
  아이 프리풔ㄹ 티 투 커피
  나는 커피보다 홍차를 좋아합니다.

- **I like milk best.**
  아이 라익 밀크 베스트
  나는 우유를 가장 좋아합니다.

- **Frank is much older than Jane.**
  프랭크 이즈 머치 오울더ㄹ 댄 제인
  프랭크는 제인보다 나이가 훨씬 많습니다.

- **Jane is as old as Mary.**
  제인 이즈 애즈 오울드 애즈 메리
  제인은 메리와 동갑입니다.

- **Mary is not so old as Henry.**
  메리 이즈 낫 쏘우 오울드 애즈 헨리
  메리는 헨리만큼 나이가 많지 않습니다.

- **You have three times as many books as I.**
  유 해브 쓰리 타임즈 애즈 매니 북스 애즈 아이
  당신은 저보다 3배나 많은 책을 가지고 있습니다.

- **This bridge is about two times as long as that one.**
  디스 브릿지 이즈 어바웃 투 타임즈 애즈 롱 애즈 댓 원
  이 다리는 저 다리의 약 2배 길이입니다.

- **It's too much by half.**
  잇츠 투 머치 바이 해프
  그것은 반 정도 너무 많습니다.

- **Busan is the second largest city in Korea.**
  부산 이즈 더 쎄컨 라르지스트 씨리 인 코리아
  부산은 한국에서 두 번째로 큰 도시입니다.

Dialog

- **Which season do you like best?**
  위치 씨즌 두 유 라익 베스트
- **I like spring best.**
  아이 라익 스프링 베스트

어느 계절을 가장 좋아하세요?
봄을 가장 좋아합니다.

- **Who is taller, Tom or Fred?**
  후 이즈 톨러 탐 오어 프레드
- **Tom is taller than Fred.**
  탐 이즈 톨러 댄 프레드

톰과 프레드 중 누가 키가 큽니까?
톰이 프레드보다 큽니다.

💬 **What is the second best policy?**
왓 이즈 더 쎄컨 베스트 팔러시

💬 **I'm sorry. I don't have the slightest idea.**
아임 쏘리   아이 돈트 해브 더 슬라잇티스트 아이디어

차선책은 무엇입니까?
미안합니다. 전혀 모르겠어요.
- policy 정책, 방침

💬 **I'm older than your father by 7 years.**
아임 오울더ㄹ 댄 유어ㄹ 파더ㄹ 바이 쎄븐 이어ㄹ즈

💬 **Oh, really? You look very young for your age.**
오우 리얼리   유 룩 베리 영 풔ㄹ 유어ㄹ 에이쥐

저는 당신 아버지보다 7살 많아요.
아, 그러세요? 나이보다 젊어 보이는데요.
- 같은 의미로 I'm 7 years senior to your father.라고도 한다.
- for one's age 나이에 비해

💬 **Which do you like better jazz or classical music?**
위치 두 유 라익 베러ㄹ 재즈 오어ㄹ 클래시컬 뮤직

💬 **I like classical music better.**
아이 라익 클래시컬 뮤직 베러ㄹ

재즈와 클래식 음악 중에 어느 것을 좋아하세요?
클래식 음악을 더 좋아합니다.

확인 · 강조 · 빈도 표현

✱ 확인 표현

You mean to say ～? (～라고 하셨습니까?)

Excuse me, but what's the meaning of ～?
　　(실례지만 ～는 무슨 뜻입니까?)

Does it symbolize something ? (무슨 상징적인 의미가 있습니까?)

How do you pronounce this word ? (이 말은 어떻게 발음합니까?)

May I have the spelling ? (철자는 어떻게 됩니까?)

How do you say ～ in French ? (프랑스어로 ～를 뭐라고 합니까?)

I don't quite get your point. (요점을 잘 모르겠습니다.)

✱ 의문사를 이용한 강조 표현

Whenever did I say so ? (도대체 내가 언제 그렇게 말했습니까?)

Whatever are you trying to say ? (도대체 무얼 말하려는 겁니까?)

You can have whatever book you like.
　　(마음에 드는 책이면 어느 것이든 가지세요.)

✱ always와 not always

always에 not이 붙으면 「항상 ～은 아니다」가 아니라 부분 부정이 되어 「반드시 ～라고는 할 수 없다」라는 의미가 된다.

I'm always free on Sundays. (일요일에는 항상 쉰다.)

I'm not always free on Sundays. (일요일에 항상 쉬는 것은 아니다.)

✱ sometimes

sometimes 「때때로」와 같은 의미로 now and then, now and again, from time to time 등이 있다.

Tips

✱ 빈도를 나타내는 말을 빈도가 높은 순서로 나타내면 다음과 같다.

(1) always

(2) almost always

(3) usually

(4) frequently

(5) often

(6) many times

(7) sometimes

(8) occasionally

(9) once in a while

(10) seldom

(11) rarely

(12) never

UNIT 25 · 알아들을 수 없을 때

Basic Expressions of English Conversation

Basic Expressions

- **I couldn't get what you said.**
  아이 쿠든 겟 왓츄 쎄드
  말씀하신 것을 잘 모르겠습니다.

- **I didn't catch you.**
  아이 디든 캐치 유
  말씀하신 것을 못 들었습니다.

- **I can't hear you very well.**
  아이 캔트 히어르 유 베리 웰
  말씀하신 것을 못 들었습니다.

- **I'm sorry, I don't understand you.**
  아임 쏘리 아이 돈 언더르스탠드 유
  실례지만 말씀하시는 것을 모르겠어요.

- **Will you please speak a little more slowly?**
  윌 유 플리즈 스픽 어 리를 모어르 슬로울리
  좀 더 천천히 말씀해 주시겠습니까?

- **Would you please speak a little louder?**
  우쥬 플리즈 스픽 어 리를 라우더르
  좀더 큰소리로 말씀해 주시겠습니까?

Dialog

Is this your first visit to Canada?
이즈 디스 유어ㄹ 퍼르스트 비짓 투 캐나다

I'm sorry, I didn't catch you.
아임 쏘리 아이 디든 캐치 유

캐나다에 첫 방문이세요?
미안합니다만, 잘 듣지 못했는데요.

I'm afraid I didn't get you.
아임 어프레이드 아이 디든 겟츄

Would you please speak a little more slowly?
우츄 플리즈 스픽 어 리를 모어ㄹ 슬로울리

Yes, certainly.
예스 써ㄹ튼리

I'll try to speak as slowly as possible.
아일 트라이 투 스픽 애즈 슬로울리 애즈 파서블

미안하지만, 듣지 못했어요.
좀 더 천천히 말씀해 주시겠어요?
네, 그러지요.
가능한 한 천천히 말해 볼게요.

➔ as ~ as possible 가능한 한~

🗨 **Turn to the right at the second corner and ~.**

턴 투 더 롸잇 앳 더 쎄컨 코르너르 앤

💬 **Excuse me, I can't hear you very well.**

익스큐즈 미 아이 캔트 히어르 유 베리 웰

Would you please speak a little louder?

우쥬 플리즈 스픽 어 리를 라우더르

🗨 **All right.**

올 롸잇

두 번째 모퉁이에서 오른쪽으로 돌고 그리고 ~.

미안하지만 말씀하신 것을 잘 듣지 못했어요.

좀 크게 말씀해 주시겠어요?

알겠어요.

➡ turn to the right 외에 turn right 또는 make a right turn 등의 표현도 쓸 수 있다.

UNIT **26** Basic Expressions of English Conversation
다시 물을 때

Basic Expressions

- **I beg your pardon?**
  아이 벡 유어ㄹ 파ㄹ든
  다시 한 번 말씀해 주세요.

- **Could you say it again?**
  쿠쥬 쎄이 잇 어겐
  다시 한 번 말씀해 주시겠습니까?

- **May I ask you to say that once more?**
  메이 아이 애스큐 투 쎄이 댓 원스 모어ㄹ
  한 번 더 말씀해 주시겠습니까?

- **Would you repeat that again, please?**
  우쥬 리핏 댓 어겐 플리즈
  그걸 다시 말씀해 주시겠습니까?

- **Would you mind repeating that, please?**
  우쥬 마인드 리피팅 댓 플리즈
  그걸 다시 말씀해 주시겠습니까?

- **Could you possibly repeat that one more time?**
  쿠쥬 파서블리 리핏 댓 원 모어ㄹ 타임
  다시 한 번 말씀해 주시겠습니까?

- **What did you say?**
  왓 디쥬 쎄이
  뭐라고 했어?

- **What was that again?**
  왓 워즈 댓 어겐
  뭐라고?

Dialog

💬 **My name is John Brown.**
마이 네임 이즈 존 브라운

💬 **I'm sorry, but I didn't quite catch your name.**
아임 쏘리 벗 아이 디든 콰잇 캐치 유어 네임

제 이름은 존 브라운입니다.
죄송하지만 이름을 잘 듣지 못했어요.

💬 **Are you working for a bank?**
아르 유 워르킹 풔러 뱅크

💬 **I beg your pardon?**
아이 벡 유어 파르든

은행에서 일하세요?
뭐라고 하셨습니까?

➔ work for~ ~에서 근무하다

111

💬 **Would you mind repeating that, please?**
우쥬 마인드 리피링 댓 플리즈

💬 **Surely. I said, "Do you know Mr. White?"**
슈어ㄹ리   아이 쎄드   두 유 노우 미스터ㄹ 와이트

💬 **Yes, I know him very well.**
예스 아이 노우 힘 베리 웰

다시 한 번 말씀해 주시겠어요?
그러지요. 화이트 씨를 아시냐고 했습니다.
네, 아주 잘 알아요.

💬 **Excuse me, but I missed what you were saying.**
익스큐즈 미 벗 아이 미스트 왓 유 워ㄹ 쎄잉

💬 **All right. I'll repeat that.**
올 롸잇   아일 리핏 댓

실례지만 말씀하신 것을 듣지 못했는데요.
좋아요. 다시 말해 드리지요.

UNIT 27 말을 꺼낼 때

Basic Expressions of English Conversation

Basic Expressions

- **Well, ~.**
  웰
  저. / 그런데. / 그렇군.

- **By the way, ~.**
  바이 더 웨이
  그런데.

- **First of all, ~.**
  퍼스트 어브 올
  우선. / 먼저.

- **To begin with, ~.**
  투 비긴 위드
  우선. / 먼저.

- **Speaking[Talking] of ~.**
  스피킹[토킹] 어브
  ~에 대해 말하자면.

- **When it comes to ~.**
  웬 잇 컴즈 투
  ~에 대해 말하자면.

- **I'll tell you what, ~.**
  아일 텔 유 왓
  자, 이런 거예요.

- **I'll tell you why, ~.**
  아일 텔 유 와이
  이유는 이런 거예요.

- **It's like this, you know, ~.**
  잇츠 라익 디스 유 노우
  알다시피 이런 거예요.

- **Frankly speaking, ~.**
  프랭클리 스피킹
  솔직히 말하자면.

- **Coming to the point, ~.**
  커밍 투 더 포인트
  요점을 말하자면.

- **Please listen to me a minute.**
  플리즈 리슨 투 미 어 미닛
  자, 잠깐 들어 보세요.

- **May I have a word with you?**
  메이 아이 해버 워르드 위드 유
  잠깐 한 마디 해도 되겠습니까?

- **I'd like to speak to you for a moment.**
  아이드 라익 투 스픽 투 유 풔러 모우먼트
  잠깐 드릴 말씀이 있는데요.

Dialog

When it comes to making a speech, you are a great speaker.
웬 잇 컴즈 투 메이킹 어 스피치 유 아르 어 그레잇 스피커르

Oh, no.
오우 노우

I get very nervous when I have to stand up and speak to an audience.
아이 겟 베리 너르버스 웬 아이 해브 투 스탠드 업 앤 스픽 투 언 어디언스

연설에 대해 말하자면 당신은 정말 천재적이에요.
아, 아니에요. 사람들 앞에 서서 말할 때면 항상 떨려요.
- nervous 긴장되는
- audience 청중

By the way, are you free this coming Saturday?
바이 더 웨이 아르 유 프리 디스 커밍 쌔러르데이

I might be.
아이 마잇 비

그런데, 돌아오는 토요일에 한가하세요?
아마 그럴 거예요.

Speaking of a house, Jack has just bought a new one.
스피킹 어브 어 하우스 잭 해즈 저스트 보웃 어 뉴 원

Oh, how nice!
오우 하우 나이스

집에 대해 말이 나왔으니까 말인데요, 잭이 새 집을 샀어요.
아, 잘 됐군요!

💬 **Well, what's your opinion?**
웰 왓츠 유어ㄹ 오피니언

I'd certainly like to hear your views.
아이드 써ㄹ튼리 라익 투 히어ㄹ 유어ㄹ 뷰즈

💬 **I'm in favor of it, and I'll tell you why.**
아임 인 페이버ㄹ 어브 잇 앤 아일 텔 유 와이

그런데요, 의견이 뭐지요? 당신 의견을 듣고 싶군요.
저는 그것에 찬성입니다. 그 이유를 말하겠어요.

➔ views 의견
➔ in favor of~ ~에 찬성하여, ~을 위하여

UNIT 28 말을 중단할 때 화제를 바꿀 때

Basic Expressions of English Conversation

Basic Expressions

- **Pardon the interruption.**
  파르든 디 인터럽션
  대화중에 실례합니다.

- **Excuse me for the interruption.**
  익스큐즈 미 풔르 디 인터럽션
  대화중에 실례합니다.

- **Pardon me for interrupting you.**
  파르든 미 풔르 인터럽팅 유
  대화중에 실례합니다만.

- **I'm sorry to interrupt you, but ~.**
  아임 쏘리 투 인터럽트 유 벗
  대화중에 실례합니다만.

- **I hate to interrupt you, but ~.**
  아이 해잇 투 인터럽트 유 벗
  말씀 중에 실례합니다만.

- **That reminds me, ~.**
  댓 리마인즈 미
  그래서 생각이 났는데요.

- **Getting back to the original point, ~.**
  게링 백 투 디 어리저널 포인트
  원래의 논점으로 돌아가서 말하자면.

- **To return to the subject, ~.**
  투 리턴 투 더 서브젝트
  주제로 돌아가서 말하자면.

- **Not to change the subject, but ~.**
  낫 투 체인지 더 서브젝트 벗
  화제를 바꾸고 싶지는 않지만.

- **Changing the subject, ~.**
  체인징 더 서브젝트
  화제를 바꾸어서.

- **May I say a word?**
  메이 아이 쎄이 어 워르드
  한 마디 해도 되겠습니까?

Dialog

> 💬 I'm sorry to interrupt you, but I'm afraid I must be going now.
> 아임 쏘리 투 인터럽트 유 벗 아임 어프레이드 아이 머스트 비 고우잉 나우
>
> 💬 Are you leaving already? Please stay a little longer.
> 아르 유 리빙 얼레디   플리즈 스테이 어 리를 롱거르

말씀 중에 실례합니다만 전 지금 가야 하는데요.
벌써 가신다고요? 좀 더 있다 가세요.

🗨 **I have a great appreciation of classical music.**
아이 해버 그레잇 어프리시에이션 어브 클래시컬 뮤직

💬 **Oh, that reminds me, there's a good coffee shop that plays great classical music near here.**
오우 댓 리마인즈 미 데어ㄹ저 굿 커피 샵 댓 플레이즈 그레잇 클래시컬 뮤직 니어ㄹ 히어ㄹ

저는 클래식 음악을 아주 좋아합니다.

그래서 생각났는데, 근처에 클래식 음악을 연주하는 좋은 커피숍이 있어요.

➔ classical music 클래식 음악

🗨 **Not to change the subject, but could we discuss the matter at hand now?**
낫 투 체인지 더 서브젝트 벗 쿠드 위 디스커스 더 매러ㄹ 앳 핸드 나우

💬 **Oh, I see.**
오우 아이 씨

화제를 바꾸기는 싫지만 이제 그 일에 대해 논의할까요?

네, 알겠어요.

➔ discuss 토론하다. discuss는 직접 목적어를 취하므로 「그것에 관하여 토론하다」는 discuss it이라 하고 discuss about it으로 해서는 안 된다.

➔ at hand 이제, 금방

UNIT 29 시간을 말할 때

Basic Expressions of English Conversation

Basic Expressions

- **It's just three o'clock.**
  잇츠 저스트 쓰리 어클락
  정각 3시입니다.

- **It's about three o'clock.**
  잇츠 어바웃 쓰리 어클락
  3시쯤입니다.

- **It's 3:00 o'clock a.m.[p.m.]**
  잇츠 쓰리 어클락 에이 엠[피 엠]
  오전[오후] 3시입니다.

- **It's three ten.**
  잇츠 쓰리 텐
  3시 10분입니다.

- **It's fifteen (minutes) past three.**
  잇츠 피프틴 (미닛츠) 패스트 쓰리

  It's three fifteen.
  잇츠 쓰리 피프틴

  It's a quarter past three.
  잇츠 어 쿼러르 패스트 쓰리
  3시 15분입니다.

- **It's three thirty.**
잇츠 쓰리 써리

- **It's half past three.**
잇츠 해프 패스트 쓰리

3시 30분입니다.

- **It's three forty-five.**
잇츠 쓰리 풔리 파이브

- **It's a quarter to four.**
잇츠 어 쿼러르 투 풔르

3시 45분입니다.

- **It's exactly twenty minutes and ten seconds past three o'clock.**
잇츠 이그잭틀리 트웨니 미닛츠 앤 텐 쎄컨즈 패스트 쓰리 어클락

정확한 시간은 3시 20분 10초입니다.

Dialog

💬 **When shall we meet?**
웬 쉘 위 밋

💬 **How about 6:30?**
하우 어바웃 씩스 써리

💬 **All right.**
올 라잇

우리 언제 만날까?
6시 30분 어때?
좋아.

💬 **When did the lecture end?**
웬 디드 더 렉쳐르 엔드

💬 **It ended at nine o'clock sharp.**
잇 엔디드 앳 나인 어클락 사르프

강의는 언제 끝났습니까?
정확히 9시에 끝났어요.
- ➔ lecture 강연, 강의

💬 **What is the correct time, please?**
왓 이즈 더 콜렉트 타임 플리즈

💬 **It's exactly twelve minutes past seven.**
잇츠 이그잭틀리 트웰브 미닛츠 패스트 쎄븐

지금 정확히 몇 시입니까?
정확히 7시 12분입니다.
- ➔ sharp 정각
- ➔ correct 정확한

💬 **What time does the reception begin?**
왓 타임 더즈 더 리셉션 비긴

💬 **It begins at 1:30.**
잇 비긴즈 앳 원 써리

💬 **We don't have much time left. Let's hurry!**
위 돈 해브 머치 타임 레프트   렛츠 허리

환영회는 몇 시에 시작합니까?
1시 30분입니다.
시간이 얼마 남지 않았어요. 서두릅시다!

🗨 **Will you be at home tomorrow?**
윌 유 비 앳 호움 투마로우

💬 **Yes, I'll be at home till noon.**
예스 아일 비 앳 호움 틸 눈

내일 댁에 계세요?
네, 정오까지는 있을 겁니다.

UNIT 30 시간을 물을 때

Basic Expressions of English Conversation

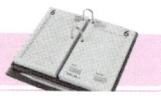

Basic Expressions

- **What time is it?**
  왓 타임 이짓
  몇 시입니까?

- **What's the time?**
  왓츠 더 타임
  몇 시입니까?

- **Do you have the time?**
  두 유 해브 더 타임
  몇 시입니까?

- **What time do you have?**
  왓 타임 두 유 해브
  몇 시입니까?

- **What time does your watch say?**
  왓 타임 더즈 유어ㄹ 워치 쎄이
  몇 시입니까?

- **Please tell me the time.**
  플리즈 텔 미 더 타임
  시간 좀 말해 주세요.

- **May I ask you the time?**
  메이 아이 애스큐 더 타임

  몇 시입니까?

- **Could you tell me the time?**
  쿠쥬 텔 미 더 타임

  몇 시입니까?

- **What is the correct time?**
  왓 이즈 더 콜렉 타임

  정확한 시간은 몇 시입니까?

- **Do you have the right time?**
  두 유 해브 더 롸잇 타임

  정확한 시간은 몇 시입니까?

Dialog

💬 **Excuse me, what time is it now by your watch?**
익스큐즈 미 왓 타임 이짓 나우 바이 유어ㄹ 워치

💬 **My watch says three thirty.**
마이 워치 쎄즈 쓰리 써리

But I'm afraid it's about three minutes fast[slow].
벗 아임 어프레이드 잇츠 어바웃 쓰리 미닛츠 패스트[슬로우]

실례지만 당신 시계로 지금 몇 시입니까?
제 시계로는 3시 30분인데 3분 정도 빠른[늦는] 것 같아요.

- 💬 **Could you tell me the time, please?**
  쿠쥬 텔 미 더 타임 플리즈
- 💬 **It's nearly five o'clock.**
  잇츠 니어르리 파이브 어클락

시간을 가르쳐 주시겠어요?
대략 5시입니다.

- 💬 **Do you have the correct time?**
  두 유 해브 더 콜렉 타임
- 💬 **I'm sorry, my watch isn't working properly.**
  아임 쏘리 마이 워치 이즌트 워르킹 프라퍼르리
  But I'm sure it's past two, anyway.
  벗 아임 슈어르 잇츠 패스트 투 애니웨이

정확한 시간은 몇 시입니까?
미안하지만 시계가 고장인 것 같아요. 2시가 넘은 것은 확실합니다.

➔ work properly 정확히 움직이다

- 💬 **What time do you have?**
  왓 타임 두 유 해브
- 💬 **It's just 7 o'clock.**
  잇츠 저스트 쎄븐 어클락
- 💬 **Thank you very much.**
  땡큐 베리 머치

몇 시입니까?
정각 7시입니다.
대단히 감사합니다.

UNIT 31 날짜를 말할 때

Basic Expressions of English Conversation

Basic Expressions

- **August fifteenth(August 15)**
  어거스트 피프틴스

  August the fifteenth
  어거스트 더 피프틴스

  the fifteenth of August
  더 피프틴스 어브 어거스트

  8월 15일

- **nineteen ninety(1990)**
  나인틴 나인티

  1990년

- **two thousand year(2000)**
  투 싸우전 이어르

  2000년

- **nineteen eighties(1980's)**
  나인틴 에잇티스

  1980년대

- **the twentieth century(20th century)**
  더 트웬티스 쎈추리

  20세기

- **the twenty-first century(21st century)**
  더 트웬티 풔ㄹ스트 센추리

  21세기

- **the third century B.C.(3rd century B.C.)**
  더 써ㄹ드 센추리 비 씨

  기원전 3세기

Dialog

> 💬 **I graduated from Columbia University in 1994.**
> 아이 그레주에이티드 프럼 콜롬비아 유니버ㄹ서티 인 나인틴 나인티 풔ㄹ
>
> 💬 **Oh, did you?**
> 오우 디쥬
>
> **What a pleasant surprise!**
> 와러 플레즌 써ㄹ프라이즈
>
> **I'm a graduate of Columbia, too.**
> 아임 어 그레주에잇 어브 콜롬비아 투

나는 1994년에 콜롬비아 대학을 졸업했어요.
그러셨어요?
놀랍군요!
나도 콜롬비아 졸업생이에요.

➔ graduate from~ ~를 졸업하다
➔ graduate 졸업생

💬 **Do you know when Napoleon was born?**
두 유 노우 웬 나폴레옹 워즈 본

💬 **Well, let me see ….**
웰 렛 미 씨

I suppose he was born on August the 15th, 1769.
아이 써포우즈 히 워즈 본 온 어거스트 더 피프틴스 쎄븐틴 씩스티 나인

나폴레옹이 언제 태어났는지 아세요?
글쎄요.
1769년 8월 15일인 것 같은데요.

> ⇒ Napoleon 나폴레옹(1769~1821)

💬 **When did the Second World War break out?**
웬 디드 더 쎄컨드 워르드 워르 브레익 아웃

💬 **It broke out in 1938.**
잇 브로우크 아웃 인 나인틴 써리 에잇

💬 **That's right.**
댓츠 롸잇

제 2차 세계대전은 몇 년도에 일어났습니까?
1938년에 일어났어요.
맞아요.

> ⇒ the Second World War 제2차 세계대전
> ⇒ break out 일어나다, 발발하다

UNIT 32 > 날짜를 물을 때

Basic Expressions of English Conversation

Basic Expressions

- **What date is it?**
  왓 데잇 이짓
  오늘은 며칠입니까?

- **What is the date today?**
  왓 이즈 더 데잇 투데이
  오늘은 며칠입니까?

- **What is today's date?**
  왓 이즈 투데이즈 데잇
  오늘은 며칠입니까?

- **What day of the month is it today?**
  왓 데이 어브 더 먼스 이짓 투데이
  오늘은 며칠입니까?

- **What day of the week is it today?**
  왓 데이 어브 더 위크 이짓 투데이
  오늘은 무슨 요일입니까?

- **What day is today?**
  왓 데이 이즈 투데이
  오늘은 무슨 요일[며칠]입니까?

- **What month is this?**
  왓 먼스 이즈 디스
  이 달은 몇 월입니까?

- **What year is this?**
  왓 이어ㄹ 이즈 디스
  올해는 몇 년도입니까?

Dialog

💬 **What is the date today?**
왓 이즈 더 데잇 투데이

💬 **Today is the 7th of May.**
투데이 이즈 더 쎄븐스 어브 메이

오늘은 며칠입니까?
오늘은 5월 7일입니다.

💬 **When will the international conference be held?**
웬 윌 디 인터ㄹ내셔널 컨풔런스 비 헬드

💬 **It'll be held on Friday the 23rd.**
잇일 비 헬드 온 프라이데이 더 트웬티 써ㄹ드

국제회의는 언제 열립니까?
23일 금요일에 열립니다.

➔ be held 개최되다

- **When are you going to leave for Switzerland?**
  웬 아ㄹ 유 고우잉 투 리브 풔ㄹ 스위쩔런드
- **The 1st day of next month.**
  더 풔ㄹ스트 데이 오브 넥스트 먼스
- **What day of the week will it be?**
  왓 데이 어브 더 위크 윌 잇 비
- **Well, let me see ···, it will be Wednesday.**
  웰 렛 미 씨 잇 윌 비 웬즈데이
- **It's a week from this coming Wednesday.**
  잇츠 어 위크 프럼 디스 커밍 웬즈데이
- **Maria and I will go to see you off at the airport on that day.**
  마리아 앤 아이 윌 고우 투 씨 유 오프 앳 디 에어ㄹ포ㄹ트 온 댓 데이
- **Thank you.**
  땡큐

언제 스위스에 갑니까?
다음 달 1일입니다.
무슨 요일인가요?
글쎄요 ···. 수요일입니다.
다음 주 수요일이군요.
그럼, 그날 마리아와 함께 공항으로 전송하러 갈게요.
감사합니다.

UNIT 33 수량을 물을 때

Basic Expressions of English Conversation

Basic Expressions

- **How many ~?**
  하우 매니
  얼마나 ~입니까? 〈수〉

- **How much ~?**
  하우 머치
  얼마나 ~입니까? 〈양·가격〉

- **How long ~?**
  하우 롱
  얼마나 ~입니까? 〈시간·길이〉

- **How tall ~?**
  하우 톨
  얼마나 ~입니까? 〈키 등〉

- **How high ~?**
  하우 하이
  얼마나 ~입니까? 〈높이〉

- **How old ~?**
  하우 오울드
  ~살 입니까? 〈나이〉

- **How wide ~?**
  하우 와이드
  얼마나 ~입니까? 〈폭〉

- **How big ~?**
  하우 빅
  얼마나 ~입니까? 〈크기〉

- **How soon ~?**
  하우 순
  얼마나 ~입니까? 〈날짜 등〉

- **What is the population of Seoul?**
  왓 이즈 더 파퓰레이션 어브 써울
  서울의 인구는 얼마입니까?

Dialog

- **What is the population of Seoul?**
  왓 이즈 더 파퓰레이션 어브 써울
- **It's about ten million.**
  잇츠 어바웃 텐 밀리언

서울의 인구는 얼마입니까?
약 천만입니다.

- **How old is Henry?**
  하우 오울드 이즈 헨리
- **He is 27 years old. /**
  히 이즈 트웨니 쎄븐 이어르즈 오울드

I'm not quite sure. But I guess he is still in his twenties.
아임 낫 콰잇 슈어르   벗 아이 게스 히 이즈 스틸 인 히즈 트웨니즈

헨리는 몇 살인가요?
27살입니다.
확실히는 모르지만 아직 20대인 것 같습니다.

How high is the mountain?
하우 하이 이즈 더 마운튼
It's more than 3,000 meters high.
잇츠 모어르 댄 쓰리 싸우전 미러르즈 하이

저 산의 높이는 얼마나 됩니까?
3천 미터 이상입니다.

How tall are you?
하우 톨 아르 유
I'm six feet tall.
아임 씩스 핏 톨

키가 얼마입니까?
6피트입니다.
➔ feet foot의 복수형. 1피트는 약 30센티미터

How much (money) do you have?
하우 머치 (머니) 두 유 해브
I have ten thousand won. / I have no money.
아이 해브 텐 싸우전 원   아이 해브 노우 머니

돈을 얼마나 갖고 있어요?
만원 가지고 있어요. / 돈은 없어요.

Tips

여러 가지 수량 표현

✱ 소수
35.15 = thirty-five point(= decimal) one five
70.305 = seventy point(= decimal) three nought five

✱ 배수
2배 = twice / two times
3배 = three times

✱ 분수
1/2 = a half; one half   1/4 = a quarter; one fourth
3/4 = three quarters   2 7/8 = two and seven eights

✱ 방 번호
Room 701 = Room seven-o-one

✱ 전화번호
771-3052 = seven-seven-one-three-o-five-two

✱ 루이 14세
Louis XIV = Louis the fourteenth

✱ 속도
시속 250m / 250m p.h. = two hundred fifty miles per hour

✱ 온도

섭씨 35° / 35℃ = thirty-five degrees Centigrade

화씨 영하 20° / -20°F = twenty degrees below zero Fahrenheit

✱ 10파운드 5온스

10 1b. 5oz = ten pounds five ounces

✱ 10피트 5인치

10ft. 5in.= ten feet five inches

✱ 화폐단위

$3.95 = three dollars and ninety-five cents / three ninety-five

25 ₵ = twenty-five cents / a quarter

$1.50 = one dollar and a half / a dollar fifty

£5 = five pounds

✱ 가감승산

4 + 2 = 6	four plus two equals six
4 − 2 = 2	four minus two equals two
4 × 2 = 8	four times two equals eight
4 ÷ 2 = 2	four divided by two equals two

UNIT 34 의문사를 이용하는 의문형

Basic Expressions of English Conversation

Basic Expressions

- **What paper do you take?**
  왓 페이퍼ㄹ 두 유 테이크
  무슨 신문을 구독하고 있습니까?

- **What kind of car do you have?**
  왓 카인덥 카ㄹ 두 유 해브
  어떤 차를 갖고 있습니까?

- **How is the weather?**
  하우 이즈 더 웨더ㄹ
  날씨는 어떻습니까?

- **What do you think of this essay?**
  왓 두 유 씽크 어브 디스 에세이
  이 에세이를 어떻게 생각합니까?

- **Which way should I go?**
  위치 웨이 슈다이 고우
  어느 길로 가야 합니까?

- **Which (one) of the contemporary composers do you like best?**
  위치 (원) 어브 더 컨템퍼러리 컴포우저ㄹ즈 두 유 라익 베스트
  현대 작곡가 중에서 누굴 가장 좋아합니까?

- **How do you like Korean food?**
  하우 두 유 라익 코리언 푸드
  한식은 좋아하세요?

- **What's the matter with you?**
  왓츠 더 매러ㄹ 위드 유
  무슨 일입니까?

- **What plans do you have for your future?**
  왓 플랜즈 두 유 해브 풔ㄹ 유어ㄹ 퓨쳐ㄹ
  장래 무슨 계획을 갖고 있습니까?

- **What has brought you here?**
  왓 해즈 브롯츄 히어ㄹ
  무슨 용건으로 여기에 왔습니까?

Dialog

- What do you think of this article?
  왓 두 유 씽크 어브 디스 아르티클
- I think it's very interesting.
  아이 씽크 잇츠 베리 인터레스팅

이 기사를 어떻게 생각하세요?
아주 재미있는 것 같네요.

- How do you like Japanese food?
  하우 두 유 라익 재패니즈 푸드
- I like it very much.
  아이 라이킷 베리 머치

일식은 어때요?
아주 좋아해요.

💬 **How is the weather?**
하우 이즈 더 웨더르

💬 **It's marvelous.**
잇츠 마르블러스

날씨는 어떻습니까?
아주 좋아요.

➲ marvelous 놀라운

💬 **What kind of books do you usually read?**
왓 카인드 어브 북스 두 유 유절리 리드

💬 **Oh, various kinds of books.**
오우 베어리어스 카인즈 어브 북스

But now I'm absorbed in reading history books.
벗 나우 아임 어브저르브드 인 리딩 히스토리 북스

How about you?
하우 어바웃츄

💬 **I'm really into mysteries.**
아임 리얼리 인투 미스테리즈

주로 무슨 책을 읽으세요?
네, 여러 가지 책을 읽습니다.
그런데 지금은 역사책에 빠져 있어요.
당신은 어때요?
전 추리소설에 빠져 있어요.

➲ be absorbed in~ ~에 열중해 있는

UNIT 35 부가의문

Basic Expressions of English Conversation

Basic Expressions

- **She speaks English well, doesn't she?**
  쉬 스픽스 잉글리시 웰 더즌 쉬
  그녀는 영어를 잘 하지요?

- **She doesn't speak English well, does she?**
  쉬 더즌 스픽 잉글리시 웰 더즈 쉬
  그녀는 영어를 잘 못하지요?

- **Her English isn't very good, is it?**
  허ㄹ 잉글리시 이즌 베리 굿 이짓
  그녀의 영어는 썩 좋지 않지요?

- **She is a diplomat, isn't she?**
  쉬 이즈 어 디플러맷 이즌 쉬
  그녀는 외교관이지요?

- **She's not a diplomat, is she?**
  쉬즈 나러 디플러맷 이즈 쉬
  그녀는 외교관이 아니지요?

- **He has finished it, hasn't he?**
  히 해즈 피니쉬트 잇 해즌 히
  그는 그것을 끝냈지요?

- **They had to finish it, didn't they?**
  데이 해드 투 피니쉬 잇 디든 데이

  그들은 그것을 해야만 했지요?

- **We'd better finish it, hadn't we?**
  위드 베러르 피니쉬 잇 해든 위

  그것을 끝내는 게 좋겠지요?

Dialog

- **It's very cold today, isn't it?**
  잇츠 베리 코울드 투데이 이즌 잇
- **Yes, it is.**
  예스 잇 이즈

오늘은 정말 춥죠?
그렇군요.

- **You know her, don't you?**
  유 노우 허르 돈츄
- **Yes, I know her very well.**
  예스 아이 노우 허르 베리 웰

  She is a promising violinist.
  쉬 이즈 어 프라미싱 바이올리니스트

그녀를 알지요?
네, 잘 알아요.
장래가 촉망되는 바이올리니스트입니다.

➔ promising 장래성이 있는

💬 **There doesn't seem to be very much time, does there?**
데어ㄹ 더즌 씸 투 비 베리 머치 타임 더즈 데어ㄹ

💬 **We'd better take a taxi.**
위드 베러ㄹ 테이커 택시

시간이 그다지 없는 것 같지요?
택시를 타는 게 좋을 것 같아요.

💬 **She has good taste, hasn't she?**
쉬 해즈 굿 테이스트 해즌 쉬

💬 **Yes, she is very refined.**
예스 쉬 이즈 베리 리파인드

그녀는 센스가 있지요?
네, 그녀는 아주 세련되었어요.

➔ refined 세련된

💬 **She is very excellent, isn't she?**
쉬 이즈 베리 엑설런트 이즌 쉬

💬 **Yes, indeed.**
예스 인디드

그녀는 정말 우수하지요?
정말 그래요.

UNIT 36 > 수사의문

Basic Expressions of English Conversation

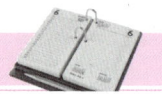

Basic Expressions

- **Who knows?**
  후 노우즈

  (= No one knows.)
  노우 원 노우즈

  누가 알겠어요? (아무도 모른다.)

- **When have I said so?**
  웬 해브 아이 쎄드 쏘우

  (= I have never said so.)
  아이 해브 네버르 쎄드 쏘우

  내가 언제 그런 말을 했어요? (나는 그런 말을 한 적이 결코 없다.)

- **Who doesn't know him?**
  후 더즌 노우 힘

  (= Everyone knows him.)
  에브리원 노우즈 힘

  누가 그를 모르겠어요? (누구나 그를 알고 있다.)

Dialog

💬 **Who can't answer such an easy question?**
후 캔트 앤서ㄹ 서치 언 이지 퀘스천

💬 **Absolutely. Even a little child would have no problem answering it.**
앱설룻리   이븐 어 리를 촤일드 우드 해브 노우 프라블럼 앤서링 잇

누가 그런 쉬운 질문에 대답을 못 하겠어요?
맞아요. 어린아이도 쉽게 답할 수 있어요.

- 이 문장은 Everyone can answer such an easy question.과 같은 의미

💬 **When have I broken my promise?**
웬 해브 아이 브로우큰 마이 프라미스

💬 **I'm terribly sorry. There's been a misunderstanding on my part.**
아임 테러블리 쏘리   데어르즈 빈 어 미스언터르스탠딩 온 마이 파르트

제가 언제 약속을 깼어요?
정말 죄송합니다. 제가 오해했어요.

- break one's promise 약속을 깨다
  cf. keep one's promise 약속을 지키다
- misunderstanding 오해

💬 **Who speaks ill of her? She is absolutely wonderful.**
후 스픽스 일 어브 허ㄹ   쉬 이즈 앱설룻리 원더ㄹ풀

💬 **Oh, is she? I'd like to meet such a wonderful lady.**
오우 이즈 쉬   아이드 라익 투 밋 서치 어 원더ㄹ풀 레이디

누가 그녀에 대해 험담을 해요? 그녀는 아주 좋은 여자예요.
그래요? 그런 좋은 여자라면 만나보고 싶군요.

- speak ill of~ ~의 험담을 하다

145

PART 2

일상표현으로 초보를 탈출하자

UNIT 01 ▸ 일상적인 인사

Daily Expressions of English Conversation

Daily Expressions

- **Good morning, Mr. Smith.**
  굿 모르닝 미스터르 스미스
  스미스 씨, 안녕하세요. 〈아침 인사〉

- **Good afternoon.**
  굿 애프터르눈
  안녕하세요. 〈오후 인사〉

- **Good evening.**
  굿 이브닝
  안녕하세요. 〈저녁 인사〉

- **How are you?**
  하우 아르 유
  어떻게 지내세요?

- **I'm fine, thank you.**
  아임 파인 땡큐
  좋습니다. 고맙습니다.

- **So so.**
  쏘우 쏘우
  그저 그렇습니다.

- **How are you getting along?**
  하우 아르 유 게링 어롱
  어떻게 지내십니까?

- **How are you doing?**
  하우 아르 유 두잉
  어떻게 지내세요?

- **How's everything?**
  하우즈 에브리씽
  하는 일은 잘 돼요?

- **How's life?**
  하우즈 라이프
  어떻게 지내니?

- **Is everything all right?**
  이즈 에브리씽 올 롸잇
  하는 일은 모두 잘 돼요?

- **What's new?**
  왓츠 뉴
  무슨 새로운 거 있어?

Dialog

💬 **Good morning, Miss Clark. How are you today?**
굿 모닝 미스 클라크   하우 아르 유 투데이

💬 **I'm fine, thank you. And how are you, Mr. Brown?**
아임 파인 땡큐   앤 하우 아르 유 미스터르 브라운

💬 **I'm fine, too. Thank you.**
　　아임 파인 투　　　땡큐

클라크 양, 안녕하세요. 오늘 어떠세요?
좋습니다. 고마워요. 브라운 씨, 당신은 어떠세요?
저도 좋습니다. 감사합니다.

> ➔ 상대방에게 다시 물을 때는 you를 강하게 말하고 올리는 어조로 한다.
> And how are you?는 간단히 And you?라고도 한다.

💬 **Good afternoon, Jane. How are you?**
　　굿 애프터르눈 제인　　　　　　하우 아르 유

💬 **I'm not feeling very well. I have a cold.**
　　아임 낫 필링 베리 웰　　　　　아이 해버 코울드

💬 **That's too bad. Please take good care of yourself.**
　　댓츠 투 배드　　플리즈 테익 굿 케어르 어브 유어르셀프

💬 **Thank you.**
　　땡큐

안녕, 제인. 어떻게 지내니?
별로 좋지 않아. 감기에 걸렸어.
안됐구나. 건강 조심해.
고마워.

> ➔ have a cold 감기에 걸리다
> 　cf. catch cold 감기에 걸리다
> ➔ take care of~ ~을 돌보다, ~을 소중히 하다

💬 **Hello, Tony. How's everything?**
　　헬로우 토니　　하우즈 애브리씽

💬 **So so.**
　　쏘우 쏘우

안녕, 토니. 잘 지내니?
그저 그래.

UNIT 02 오랜만에 만났을 때의 인사

Daily Expressions of English Conversation

Daily Expressions

- **It's been a long time, hasn't it?**
  잇츠 빈 어 롱 타임 해즌 잇
  오랜만이지요?

- **I haven't seen you for ages.**
  아이 해븐 씬 유 풔르 에이쥐스
  오랜만이군요.

- **It's been ages since we last met.**
  잇츠 빈 에이쥐스 씬스 위 래스트 멧
  오랜만이군요.

- **Long time no see.**
  롱 타임 노우 씨
  오랜만이네요.

- **How have you been?**
  하우 해뷰 빈
  어떻게 지냈어요?

- **Have you been well?**
  해뷰 빈 웰
  잘 지냈어요?

- **I'm glad to see you again.**
  아임 글랫 투 씨 유 어겐

  다시 만나서 기쁘군요.

- **It's so nice to see you again.**
  잇츠 쏘우 나이스 투 씨 유 어겐

  다시 만나서 정말 기쁘군요.

- **What a coincidence meeting you here!**
  와러 코인서던스 미링 유 히어르

  이런 곳에서 만나다니 우연이군요!

Dialog

💬 **Well, well, if it isn't Bill!**
웰 웰 이프 잇 이즌트 빌

What a coincidence meeting you here!
와러 코인서던스 미링 유 히어르

💬 **Oh, hello, George. It's been a long time, hasn't it?**
오우 헬로우 조르지   잇츠 빈 어 롱 타임 해즌 잇

How have you been?
하우 해뷰 빈

💬 **I've been fine, thank you. You are looking well, too.**
아이브 빈 파인 땡큐   유 아르 루킹 웰 투

💬 **Yes, I've been quite well, thank you.**
예스 아이브 빈 콰잇 웰 땡큐

이거 빌 아니야!
여기서 만나다니 우연이군.
아, 안녕, 조지. 오랜만이네?
잘 지냈니?

잘 지냈어, 고마워. 너도 좋아 보인다.
그래, 나도 잘 지내. 고마워.

➔ look well 좋아[건강해] 보이다

💬 **Nice to see you again.**
나이스 투 씨 유 어겐

It must be about three years since I saw you last.
잇 머슷 비 어바웃 쓰리 이어르즈 씬스 아이 쏘우 유 래스트

How's your family?
하우즈 유어르 패밀리

💬 **They are all in good health, thank you.**
데이 아르 올 인 굿 헬스 땡큐

다시 만나서 기뻐요.

3년 정도 됐지요.

가족 분들은 어떠세요?

모두 건강합니다. 고마워요.

➔ Nice to see you again.은 It's nice to see you again.의 생략형
➔ in good health 건강한, 생기 있는. They are all well.이라고도 한다.

UNIT 03 ▸ Daily Expressions of English Conversation
헤어질 때의 인사

Daily Expressions

- **I must say good-bye.**
  아이 머스트 쎄이 굿 바이
  작별인사를 해야겠습니다.

- **I must be going.**
  아이 머스트 비 고우잉
  가야겠습니다.

- **I'd better be on my way.**
  아이드 베러르 비 온 마이 웨이
  가는 게 좋겠습니다.

- **I should be leaving.**
  아이 슈드 비 리빙
  가야 합니다.

- **I have to be getting along now.**
  아이 해브 투 비 게링 어롱 나우
  이제 가야겠습니다.

- **I'm afraid I should be off now.**
  아임 어프레이드 아이 슈드 비 오프 나우
  이제 가야겠는데요.

- **Well, it's about time to leave, I suppose.**
  웰 잇츠 어바웃 타임 투 리브 아이 써포우즈
  자, 이제 가야 할 시간입니다.

- **I hope you'll also come over to my place.**
  아이 홉 유일 올쏘우 컴 오우버르 투 마이 플레이스
  우리집에도 오세요.

- **I enjoyed talking to you.**
  아이 인조이드 토킹 투 유
  대화할 수 있어서 즐거웠습니다.

- **I had a very good time.**
  아이 해더 베리 굿 타임
  아주 즐거운 시간을 보냈습니다.

- **I'm glad you enjoyed it.**
  아임 글랫 유 인조이드 잇
  즐겁게 지내서 기쁘군요.

- **I'm glad you could come.**
  아임 글랫 유 쿠드 컴
  와주셔서 기쁩니다.

Dialog

> 💬 **Well, it's getting rather late.**
> 웰 잇츠 게링 래더르 레잇
> **I think I must be leaving now.**
> 아이 씽크 아이 머스트 비 리빙 나우

Thank you very much for the wonderful evening.
땡큐 베리 머치 풔르 더 원더르풀 이브닝

💬 **I'm glad you could come.**
아임 글랫 유 쿠드 컴

Be careful on your way home.
비 케어르풀 온 유어르 웨이 호움

그런데 많이 늦어서 이제 가야겠네요.
멋진 저녁이었습니다. 고마워요.
와주셔서 기쁘군요.
조심해서 돌아가세요.

🗨️ **Well, I'm afraid I must say good-bye now.**
웰 아임 어프레이드 아이 머스트 쎄이 굿 바이 나우

💬 **Can't you stay a little longer?**
캔츄 스테이 어 리를 롱거르

🗨️ **I'd like to, but I'm afraid I really have to go.**
아이드 라익 투 벗 아임 어프레이드 아이 리얼리 해브 투 고우

I may miss the last train. I enjoyed talking to you.
아이 메이 미스 더 래스트 트레인   아이 인조이드 토킹 투 유

💬 **So did I. Please drop in on me again soon.**
소 디드 아이   플리즈 드랍 인 온 미 어겐 순

🗨️ **Yes, I'll be happy to come again.**
예스 아일 비 해피 투 컴 어겐

그런데, 이거 실례해야겠는데요.
좀 더 계실 수 없으세요?
그러고는 싶지만 정말 가야 해요.
마지막 열차를 놓칠지도 몰라요. 이야기 즐거웠어요.
저도 그래요. 가까운 시일에 다시 들러주세요.
네, 기꺼이 다시 오겠어요.

➔ drop in on~ ~을 갑자기 방문하다, 들르다. come around라고도 한다.

UNIT 04 ▶ 작별 인사

Daily Expressions of English Conversation

Daily Expressions

- **Good-bye.**
  굿 바이
  안녕히 계세요[가세요].

- **Cheerio.**
  취어리오우
  안녕히 계세요[가세요]. / 또 만나요.

- **So long, Tom.**
  쏘우 롱 탐
  안녕, 톰.

- **Good night, Helen.**
  굿 나잇 헬렌
  잘 자, 헬렌.

- **See you tomorrow.**
  씨 유 투마로우
  내일 봐요.

- **See you later.**
  씨 유 레이러러
  다음에 봐요.

- **See you around.**
씨 유 어라운드

또 만나요.

- **I'll be seeing you again.**
아일 비 씽잉 유 어겐

또 만나요.

- **I'm glad to have seen you.**
아임 글랫 투 해브 씬 유

만나서 기뻤습니다.

- **It's been nice seeing you.**
잇츠 빈 나이스 씽잉 유

만나서 기뻤습니다.

- **It was nice to see you.**
잇 워즈 나이스 투 씨 유

만나서 기뻤습니다.

- **Nice to have seen you again.**
나이스 투 해브 씬 유 어겐

다시 만나서 기뻤습니다.

Dialog

💬 **Good night, Kent.**
굿 나잇 켄트

I had a wonderful time.
아이 해더 원더ㄹ풀 타임

💬 **Good night, Helen.**
굿 나잇 헬렌

See you on Sunday.
씨 유 온 썬데이

안녕, 켄트.
아주 즐거웠어.
안녕, 헬렌.
일요일에 만나자.

💬 **I'm glad to have met you, Mr. White.**
아임 글랫 투 해브 멧츄 미스터ㄹ 와이트

💬 **Glad to have met you, too, Mr. Parker.**
글랫 투 해브 멧 유 투 미스터ㄹ 파르커ㄹ

💬 **Good-bye.**
굿 바이

💬 **Good-bye.**
굿 바이

화이트 씨, 뵙게 되어 즐거웠습니다.
저도 만나서 즐거웠습니다. 파커 씨.
안녕히 가세요.
안녕히 가세요.

➔ Glad to have met you.는 I'm glad to have met you.의 생략형

159

- **Dick, I'm glad to have seen you.**
  딕 아임 글랫 투 해브 씬 유
- **Me, too, John.**
  미 투 존
- **I hope I'll see you again soon.**
  아이 홉 아일 씨 유 어겐 순
- **Right. Let's make it soon. I'll give you a call next week.**
  라잇   렛츠 메이킷 순   아일 기뷰 어 콜 넥스트 위크
- **So long, John.**
  쏘우 롱 존
- **So long, Dick.**
  쏘우 롱 딕

딕, 만나서 반가웠어.
나도, 존.
곧 다시 만나길 바라.
좋아. 다시 만나자. 다음 주에 전화할게. 안녕, 존.
안녕, 딕.

UNIT 05 > 안부를 전하는 말

Daily Expressions of English Conversation

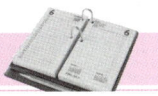

Daily Expressions

- **Please say hello to your family.**
  플리즈 쎄이 헬로우 투 유어ㄹ 패밀리
  가족 모두에게 안부 전해주세요.

- **Please remember me to him.**
  플리즈 리멤버ㄹ 미 투 힘
  그에게 안부 전해주세요.

- **Please give my best wishes to her.**
  플리즈 기브 마이 베스트 위시즈 투 허ㄹ
  그녀에게 안부 전해주세요.

- **Please give my love to Sun-hee.**
  플리즈 기브 마이 러브 투 선희
  선희에게 안부 전해주세요.

- **Please convey to them my best wishes.**
  플리즈 컨베이 투 뎀 마이 베스트 위시즈
  제가 안부의 말을 하더라고 모두에게 전해주세요.

- **My mother asked me to give you her warmest wishes.**
  마이 머더ㄹ 애스크트 미 투 기뷰 허ㄹ 워미스트 위시즈
  어머니가 당신에게 안부 전하라고 하셨습니다.

■ I'd appreciate it if you would give her your best consideration.
아이드 어프리시에이릿 이퓨 우드 기브 허r 유어r 베스트 컨시더레이션

그녀의 일을 아무쪼록 잘 부탁드립니다.

Dialog

💬 **I truly had a pleasant time tonight.**
아이 트룰리 해더 플레즌트 타임 투나잇

💬 **I'm glad you did.**
아임 글랫 유 디드

Please give my warmest wishes to your family.
플리즈 기브 마이 워미스트 위시즈 투 유어r 패밀리

💬 **Thank you, I will.**
땡큐 아이 윌

We hope you'll also come over to our place some time.
위 홉 유일 올쏘우 컴 오우버r 투 아우어r 플레이스 썸 타임

💬 **Yes, by all means.**
예스 바이 올 민즈

덕분에 오늘밤은 정말 즐거웠어요.
그러셨다니 기쁘군요.
가족 모두에게 안부 전해주세요.
감사합니다. 그럴게요.
우리집에도 언제 들러 주세요.
네, 꼭 그럴게요.

➔ some time 언젠가

💬 **I'll be looking forward to seeing you again.**
아일 비 루킹 풔르워르트 투 씽잉 유 어겐

Good- bye, Mr. White.
굿 바이 미스터르 와이트

💬 **Good-bye, Mr. Brown.**
굿 바이 미스터르 브라운

Say hello to Mrs. Brown for me, will you?
쎄이 헬로우 투 미씨즈 브라운 풔르 미 윌 유

💬 **Yes, I certainly will.**
예스 아이 써르튼리 윌

Please give Mrs. White my best wishes, too.
플리즈 기브 미씨즈 와이트 마이 베스트 위시즈 투

💬 **Yes, I will.**
예스 아이 윌

다시 만나길 기다리겠습니다.
안녕히 가세요. 화이트 씨.
안녕히 계세요. 브라운 씨.
부인에게도 안부 전해 주세요.
네, 꼭 그럴게요.
화이트 부인께도 안부 전해주세요.
네, 그러겠습니다.

➔ look forward to -ing ~을 기대하다

UNIT 06 처음 만났을 때의 인사

Daily Expressions of English Conversation

Daily Expressions

- **How do you do?**
  하우 두 유 두
  처음 뵙겠습니다.

- **I'm glad to meet you.**
  아임 글랫 투 밋츄
  만나서 반갑습니다.

- **I'm pleased to meet you.**
  아임 플리즈드 투 밋츄
  만나서 기쁩니다.

- **It's a pleasure to meet you.**
  잇츠 어 플레줘르 투 밋츄
  만나서 기쁩니다.

- **The same with me.**
  더 쎄임 위드 밋츄
  저도 그렇습니다.

- **The same here.**
  더 쎄임 히어르
  저도 그렇습니다.

■ **I'm glad to meet you, too.**
아임 글랫 투 밋츄 투

저도 만나서 기쁩니다.

■ **The pleasure is (all) mine.**
더 플레줘r 이즈 (올) 마인

저야말로 기쁩니다.

■ **I've been waiting to meet you for a long time.**
아이브 빈 웨이링 투 밋츄 풔러 롱 타임

만나 뵙기를 오랫동안 기다리고 있었습니다.

■ **I've heard a lot about you from Miss Lee.**
아이브 허r드 어 랏 어바웃츄 프럼 미스 리

이 양에게서 말씀 많이 들었습니다.

Dialog

● **How do you do, Mr. Green?**
하우 두 유 두 미스터r 그린

It's a pleasure to meet you.
잇츠 어 플레줘r 투 밋츄

💬 **The pleasure is all mine, Mr. Miller.**
더 플레줘 이즈 올 마인 미스터r 밀러r

I've heard a lot about you from Mr. Smith.
아이브 허r드 어 랏 어바웃츄 프럼 미스터r 스미스

● **I hope it was good.**
아이 홉 잇 워즈 굿

💬 **Yes. How could it be anything but?**
예스   하우 쿠드 잇 비 애니씽 벗

So I've been waiting to meet you for a long time.
쏘우 아이브 빈 웨이팅 투 밋 유 풔러 롱 타임

I hope you'll consider me as a friend.
아이 홉 유일 컨시더르 미 애즈 어 프렌드

💬 **I also hope you'll consider me as your friend.**
아이 올쏘우 홉 유일 컨시더르 미 애즈 유어르 프렌드

💬 **Let's get together for dinner some evening, shall we?**
렛츠 겟 투게더르 풔르 디너르 썸 이브닝 쉘 위

💬 **Oh, fine.**
오우 파인

처음 뵙겠습니다.
그린 씨. 만나서 반갑습니다.
저도 반갑습니다.
밀러 씨. 스미스 씨에게서 말씀 많이 들었습니다.
좋은 말이었으면 좋겠어요.
네, 물론입니다.
그래서 늘 한 번 뵙고 싶었습니다.
이제부터 저를 친구로 생각해 주었으면 합니다.
저야말로 그렇게 부탁합니다.
언제 저녁식사라도 함께 할까요?
네, 좋아요.

➲ consider me as~   나를 ~로 간주하다

Tips

부인을 어떻게 부르는가?

우리나라에서는 자신의 처를 「처」, 「아내」, 「안사람」, 다른 사람의 부인을 「부인」이라고 부르는데 영어에서는 my wife, your wife라고 한다. 자신의 아내를 다른 사람에게 소개할 때는 My wife, Sun-hee.(제 아내 선희입니다.)라고 하면 된다. 상대의 부인을 부를 때도 your wife라고 하면 되지만 손윗사람에 대해서는 your wife라고 하지 않고 Mrs. ~라고 부르는 것이 예의이다.

✱ 여성과 성

여성의 사회진출이 두드러진 요즘 미국에서는 결혼 후에도 결혼 전의 성을 쓰거나 결혼 전의 성과 남편의 성을 하이픈으로 연결해서 쓰는 여성이 많다. 예를 들면 Jim White 씨와 결혼한 Betty Jones 양이 결혼 후 Jones-White 성을 가지는 것이다. 미국에서 최초로 여성 부통령 후보가 된 페라로 씨도 기혼이면서 결혼 전의 성을 그대로 썼다. 이런 부부를 부를 때 그만큼 배려가 필요하다.

이름을 쓰는 경우에도 종래와 같이 Mr. and Mrs. White(화이트 씨 부부)가 아니라 Betty Jones and Jim White로 써야 한다. 또한 이런 부부의 대부분은 아이들에게도 하이픈으로 연결한 긴 성을 붙인다.

UNIT 07 소개

Daily Expressions of English Conversation

Daily Expressions

- **Let me introduce myself.**
  렛 미 인트러듀스 마이셀프
  제 소개를 하겠습니다.

- **May I introduce myself?**
  메이 아이 인트러듀스 마이셀프
  제 소개를 해도 됩니까?

- **Please allow me to introduce myself.**
  플리즈 어라우 미 투 인트러듀스 마이셀프
  제 소개를 하겠습니다.

- **Do you mind if I introduce myself?**
  두 유 마인드 이프 아이 인트러듀스 마이셀프
  제 소개를 해도 괜찮겠습니까?

- **Will you kindly introduce me to that lady?**
  윌 유 카인들리 인트러듀스 미 투 댓 레이디
  저를 저 여자 분에게 소개해 주시겠어요?

- **You haven't met Mr. Shimpson before.**
  유 해븐 멧 미스터 심슨 비퍼르
  전에 심슨 씨를 만난 적이 없지요.

- **I'd like to introduce Mr. Shimpson to you.**
  아이드 라익 투 인트러듀스 미스터ㄹ 심슨 투 유

  심슨 씨를 소개합니다.

- **I'd like you to meet my colleague, Mr. Kim.**
  아이드 라익큐 밋 마이 컬리그 미스터ㄹ 킴

  제 동료인 김 선생님을 소개합니다.

Dialog

- Mr. Mason, let me introduce an old friend of mine, Mr. Park.
  미스터ㄹ 메이슨 렛 미 인트러듀스 언 오울드 프렌드 어브 마인 미스터ㄹ 박

  He and I were at university together.
  히 앤드 아이 워ㄹ 앳 유니버ㄹ서티 투게더ㄹ

  Mr. Park, this is Mr. Mason.
  미스터ㄹ 박 디스 이즈 미스터ㄹ 메이슨

- I'm very glad to meet you, Mr. Park.
  아임 베리 글랫 투 밋츄 미스터ㄹ 박

- It's a great honor to meet you, Mr. Mason.
  잇츠 어 그레잇 아너ㄹ 투 밋 유 미스터ㄹ 메이슨

- I've heard of you quite often from Mr. Lee.
  아이브 허ㄹ드 어브 유 콰잇 오픈 프럼 미스터ㄹ 리

- I've known you by name.
  아이브 노운 유 바이 네임

  I hope we may become friends.
  아이 홉 위 메이 비컴 프렌즈

  Please accept my card.
  플리즈 억셉 마이 카ㄹ드

- I'm very happy to make your acquaintance, Mr. Park.
  아임 베리 해피 투 메익 유어ㄹ 어퀘인턴스 미스터ㄹ 박

메이슨 씨, 제 옛 친구인 박 선생님을 소개합니다.
그와는 대학 동창입니다.
박 선생님, 이쪽은 메이슨 씨입니다.
만나서 반갑습니다, 박 선생님.
만나 뵙게 되어 영광입니다. 메이슨 씨.
이 선생님께 말씀 많이 들었습니다.
성함은 들어 알고 있었어요.
친하게 지냈으면 합니다.
제 명함 받으세요.
당신을 알게 돼서 정말 기쁘군요. 박 선생님.

- ➔ accept 받아들이다
- ➔ card 명함
- ➔ make one's acquaintance ~와 알게 되다

처음 만났을 때

✽ 사적인 질문은 피하자

처음 만났을 때는 상대의 프라이버시에 관계된 질문은 하지 않는 것이 좋다. 「어디에서 일하세요?」는 말할 것도 없고 나이, 출신학교, 출신지, 형제관계, 결혼여부 등. 한국에서는 흔히 볼 수 있는 일이지만 구미에서는 개인의 프라이버시를 존중하므로 실례인 행위로 간주된다.

✽ 소개하는 법

소개는 「손윗사람을 손아랫사람에게」, 「연소자를 연장자에게」, 「가족이나 친지를 다른 사람에게」, 「남성을 여성에게」가 원칙이다.

✽ 악수하는 법

악수는 손윗사람이 손아랫사람에게 청하는 것이 원칙이다. 남녀인 경우에는 여자가 악수를 청하지 않는데도 남자가 악수를 청해서는 안 된다. 악수는 허리를 똑바로 세우고 상대방의 눈을 보면서 한다. 한국인은 악수를 하면서 인사말을 하는데 이것은 좋지 않다.

UNIT 08 자기소개

Daily Expressions of English Conversation

Daily Expressions

- **My name is Dong-su Kim.**
  마이 네임 이즈 동수 킴
  제 이름은 김동수입니다.

- **I was born in Busan and brought up in Seoul.**
  아이 워즈 본 인 부산 앤 브로웃 업 인 써울
  부산에서 태어나서 서울에서 자랐습니다.

- **I am an only child.**
  아이 앰 언 오운리 촤일드
  저는 독자입니다.

- **My school is a private[public] institution.**
  마이 스쿨 이즈 어 프라이빗[퍼블릭] 인스터튜션
  제 학교는 사립[공립]입니다.

- **I graduated from Seoul National University.**
  아이 그레주에잇티드 프럼 써울 내셔널 유니버르서티
  저는 서울대학교를 졸업했습니다.

- **My major was economics.**
  마미 메이저르 워즈 이커나믹스
  경제학을 전공했습니다.

- **I have the degree of Masters of Arts in psychology from New York University in America.**
  아이 해브 더 디그리 어브 매스터르즈 어브 아르츠 인 싸이칼러지 프럼 뉴욕 유니버르서티 인 어메리카

  미국의 뉴욕대학에서 심리학 석사학위를 취득했습니다.

- **I work for LG Company.**
  아이 워르크 풔르 엘지 컴퍼니

  엘지회사에서 일하고 있습니다.

- **My hobbies are mountain climbing and playing the piano.**
  마이 하비즈 아르 마운틴 클라이밍 앤 플레잉 더 피애노우

  제 취미는 등산과 피아노 연주입니다.

- **I'm an office worker.**
  아임 언 오피스 워르커르

  저는 회사원입니다.

Dialog

- **Do you have any brothers and sisters?**
  두 유 해브 애니 브라더르즈 앤 씨스터르즈

- **Yes, I have a brother and two sisters.**
  예스 아이 해버 브라더르 앤 투 씨스터르즈

  My two elder sisters are already married.
  마이 투 엘더르 씨스터르즈 아르 얼레디 메리드

  One is a doctor and the other is a lawyer.
  원 이즈 어 닥터르 앤 디 아더르 이즈 어 로이어르

  My younger brother is a student at Korea University.
  마이 영거르 브라더르 이즈 어 스튜던트 앳 코리아 유니버르서티

형제가 있습니까?
네, 남자 형제 한 명과 여자 형제가 둘 있습니다.
누나들은 둘 다 결혼해서 의사와 변호사를 하고 있습니다.
남동생은 고려대학교 학생입니다.

💬 **What sort of company do you work for?**
왓 쏘로브 컴퍼니 두 유 워르크 풔르

💬 **I work for LanCom Publishing Company.**
아이 워르크 풔르 랭컴 퍼블리싱 컴퍼니

어느 회사에서 일하세요?
랭컴출판사에서 일하고 있어요.
　➔ publishing company 출판사

💬 **What did you major in?**
왓 디쥬 메이저르 인

💬 **My major was law.**
마이 메이저르 워즈 러

무얼 전공했어요?
법학을 전공했어요.
　➔ major in~ ~을 전공하다

💬 **Do you have any hobbies?**
두 유 해브 애니 하비즈

💬 **Yes, I like oil painting and playing tennis.**
예스 아이 라익 오일 페인팅 앤 플레잉 테니스

취미가 있습니까?
네, 유화와 테니스입니다.

UNIT 09 > 날씨

Daily Expressions of English Conversation

Daily Expressions

- **It's a fine day, isn't it?**
  잇츠 어 파인 데이 이즌 잇
  좋은 날씨죠?

- **What a beautiful day it is today!**
  와러 뷰리플 데이 잇 이즈 투데이
  정말 좋은 날씨군요!

- **It's very hot today, isn't it?**
  잇츠 베리 핫 투데이 이즌트 잇
  오늘은 정말 덥죠?

- **The days are getting warmer.**
  더 데이즈 아르 게링 워머
  점점 포근해지는군요.

- **It's getting very cloudy.**
  잇츠 게링 베리 크라우디
  아주 흐려지고 있군요.

- **It looks like rain, doesn't it?**
  잇 룩스 라익 레인 더즌 잇
  비라도 내릴 것 같죠?

175

- **It's going to snow, isn't it?**
  잇츠 고우잉 투 스노우 이즌ㅌ 잉

  눈이 올 것 같지요?

- **It's very cold for this time of the year, isn't it?**
  잇츠 베리 코올드 풔르 디스 타임 어브 더 이어르 이즌ㅌ 잇

  요즘 날씨치곤 매우 춥죠?

- **We've been having so much rain these days.**
  위브 빈 해빙 쏘우 머치 레인 디즈 데이즈

  요즘에는 비만 내리는군요.

- **What's the weather forecast for tomorrow?**
  왓츠 더 웨더르 풔르캐스트 풔르 투마로우

  내일 일기예보는 어떻습니까?

Dialog

💬 **It's very hot and humid, isn't it?**
잇츠 베리 핫 앤 휴미드 이즌 잇

💬 **Yes, it is.**
예스 잇 이즈

정말 무덥지요?
그렇군요.
- humid 무더운

💬 **It's a lovely day today, isn't it?**
잇츠 어 러블리 데이 투데이 이즌 잇

💬 **Yes, it certainly is.**
예스 잇 써르튼리 이즈

화창한 날씨지요?
정말 그렇군요.

💬 **Do you think it will be fine tomorrow?**
두 유 씽크 잇 윌 비 파인 투마로우

💬 **Yes. According to the weekly weather forecast it will keep fine this week.**
예스 어코르딩 투 더 위클리 웨더르 풔르캐스트 잇 윌 킵 파인 디스 위크

내일은 날씨가 좋을 것 같아요?
네. 주간 일기예보에 따르면 이번 주는 맑은 날씨가 계속된다고 합니다.

💬 **What will the weather be like tomorrow?**
왓 윌 더 웨더르 비 라익 투마로우

💬 **The weather forecast for tomorrow is cloudy with occasional showers.**
더 웨더르 풔르캐스트 풔르 투마로우 이즈 크라우디 위드 어케이저널 샤우어르즈

내일 날씨는 어떨까요?
일기예보에 의하면 내일은 흐리고 때때로 소나기가 온다고 합니다.

- ➔ occasional 때때로의
- ➔ shower 소나기

💬 **What does the weather man say?**
왓 더즈 더 웨더르 맨 쎄이

💬 **He says it'll clear up by this evening.**
히 쎄즈 잇일 클리어르 업 바이 디스 이브닝

일기예보는 어떻습니까?
오늘 저녁까지는 갤 거라고 합니다.

UNIT 10 — 마중

Daily Expressions of English Conversation

Daily Expressions

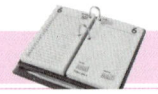

- **Excuse me, are you Mr. Evans?**
  익스큐즈 미 아르 유 미스터르 에반스
  실례지만, 에반스 씨입니까?

- **You wouldn't be Mr. Evans by any chance?**
  유 우든트 비 미스터르 에반스 바이 애니 챈스
  에반스 씨가 아닌지요?

- **I'm Dong-su Kim from SS Tourist Company.**
  아임 동수 킴 프럼 에스에스 투어리스트 컴퍼니
  저는 SS여행사의 김동수입니다.

- **Welcome to Korea.**
  웰컴 투 코리아
  한국에 오신 걸 환영합니다.

- **How nice to have you here!**
  하우 나이스 투 해뷰 히어르
  어서 오십시오! / 잘 오셨습니다!

- **How did you like your flight?**
  하우 디쥬 라익 유어르 플라잇
  비행은 어땠습니까?

- **Aren't you tired?**
  안츄 타이어ㄹ드
  피곤하지 않으세요?

- **I'll accompany[take] you to the hotel.**
  아일 어컴퍼니[테익] 유 투 더 호우텔
  호텔까지 모셔다 드리겠습니다.

- **I have a car waiting for us.**
  아이 해버 카ㄹ 웨이링 풔ㄹ 어스
  차를 대기시켰습니다.

- **I'll arrange for a car.**
  아일 어레인지 풔러 카ㄹ
  차를 준비하겠습니다.

- **Let me carry one of those bags for you.**
  렛 미 캐리 원 어브 도우즈 백스 풔ㄹ 유
  제가 짐을 하나 들어드리겠습니다.

- **Please have a good rest this evening.**
  플리즈 해버 굿 레스트 디스 이브닝
  오늘밤은 푹 쉬세요.

Dialog

💬 **Excuse me, sir.**
익스큐즈 미 써르

You wouldn't be Mr. Evans by any chance?
유 우든 비 미스터르 에반스 바이 애니 챈스

💬 **Yes, I'm John Evans from Washington.**
예스 아임 존 에반스 프럼 워싱턴

💬 **Welcome to Korea, Mr. Evans.**
웰컴 투 코리아 미스터르 에반스

I'm Dong-su Kim from the Woosung Trading Company.
아임 동수 킴 프럼 더 우성 트레이딩 컴퍼니

💬 **Oh, thank you very much for coming to meet me.**
오우 땡큐 베리 머치 풔르 커밍 투 밋 미

💬 **You're welcome.**
유아르 웰컴

I'll accompany you to the hotel.
아일 어컴퍼니 유 투 더 호우텔

💬 **It's very kind of you.**
잇츠 베리 카인드 어브 유

💬 **You must be very tired after a long flight, I suppose.**
유 머슷 비 베리 타이어르드 애프터르 어 롱 플라잇 아이 써포우즈

💬 **Yes, I'm a little tired.**
예스 아임 어 리를 타이어르드

💬 **Please have a good rest this evening.**
플리즈 해버 굿 레스트 디스 이브닝

Let me carry one of them for you.
렛 미 캐리 원 업 뎀 풔르 유

💬 **Thank you.**
쌩큐

실례지만,
에반스 씨인가요?
네, 워싱톤에서 온 존 에반스입니다.
한국에 오신 걸 환영합니다, 에반스 씨.
우성무역의 김동수라고 합니다.
마중 나와 주셔서 감사합니다.
천만에요.
호텔까지 안내해 드리겠습니다.
고맙습니다.
긴 비행으로 피곤하시겠군요.
네, 좀 피곤합니다.
오늘밤은 푹 쉬세요.
짐을 하나 들어 드리지요.
감사합니다.

- trading company 무역회사
- tired 피곤한

UNIT 11 배웅

Daily Expressions of English Conversation

Daily Expressions

- **I wish you a pleasant journey!**
  아이 위시 유 어 플레즌 저러니
  즐거운 여행되세요!

- **I wish you bon voyage!**
  아이 위시 유 본 버이아지
  즐거운 항해되세요!

- **I hope you'll have a nice trip.**
  아이 홉 유일 해버 나이스 트립
  즐거운 여행되세요!

- **Thank you very much for coming to see me off.**
  땡큐 베리 머치 풔르 커밍 투 씨 미 어프
  배웅해 주어서 감사합니다.

- **I'll be looking forward to seeing you again.**
  아일 비 루킹 풔르워르드 투 씽잉 유 어겐
  다시 만나기를 기다리겠습니다.

- **Please don't forget to write me.**
  플리즈 돈 풔르겟 투 롸잇 미
  편지 하는 거 잊지 마세요.

- **Good-bye, and all the very best.**
  굿 바이 앤 올 더 베리 베스트
  안녕, 잘 지내세요.

- **Good-bye, and good luck.**
  굿 바이 앤 굿 럭
  안녕, 행운을 빌어요.

- **Have a good time.**
  해버 굿 타임
  좋은 시간 보내세요.

Dialog

- Thank you very much for coming to see me off.
  땡큐 베리 머치 풔르 커밍 투 씨 미 어프
- Not at all. It's my pleasure.
  나래롤   잇츠 마이 플레줘르
- We'll meet again some day, I hope.
  위일 밋 어겐 썸 데이 아이 홉
- Oh, I'd like to.
  오우 아이드 라익 투

  Probably I'll visit New York on business next year.
  프라버블리 아일 비짓 뉴욕 온 비즈니스 넥스트 이어르
- If you have a chance to come to New York, please do look me up.
  이퓨 해버 챈스 투 컴 투 뉴욕 플리즈 두 룩 미 업

  I'll show you around.
  아일 쇼우 유 어라운드
- Yes, I certainly will. Please don't forget to write me.
  예스 아이 써르튼리 윌   플리즈 돈 풔르겟 투 롸잇 미

💬 **Of course not.**
어브 코르스 낫

I'll drop you a line as soon as I get home.
아일 드랍 유 어 라인 애즈 순 애즈 아이 겟 호움

💬 **Good-bye, Mr. Kim.**
굿 바이 미스터르 킴

💬 **Good-bye, Mr. Jones. Have a nice trip.**
굿 바이 미스터르 존스   해버 나이스 트립

전송 나와 주셔서 대단히 감사합니다.
천만에요.
언제 다시 만나길 바랍니다.
네, 그러고 싶습니다.
내년에 사업차 뉴욕에 갈 것 같습니다.
만일 뉴욕에 올 기회가 생기면 꼭 들러주세요.
뉴욕을 안내해 드릴게요.
네, 그러겠습니다. 편지하는 거 잊지 마세요.
물론이죠.
곧 편지하겠습니다.
안녕히 계세요. 김 선생님.
안녕히 가세요. 존스 씨. 좋은 여행 되세요.

- look ~ up ~을 방문하다
- show you around~ 당신을 ~로 안내하다
- drop ~ a line ~에 짧은 소식을 보내다
- get home 귀국하다

UNIT 12 > 축하

Daily Expressions of English Conversation

Daily Expressions

■ **Congratulations.**
컨그래추레이션즈
축하해요.

■ **My congratulations to you.**
마이 컨그래추레이션즈 투 유
축하드립니다.

■ **Congratulations on your graduation [promotion].**
컨그래추레이션즈 온 유어ㄹ 그레주에이션[프러모우션]
졸업[승진] 축하해요.

■ **Let me congratulate you on your success.**
렛 미 컨그레추레이츄 온 유어ㄹ 썩세스
성공을 축하합니다.

■ **Let me offer my hearty congratulations.**
렛 미 어퍼ㄹ 마이 하르티 컨그레추레이션즈
진심으로 축하합니다.

■ **Please accept my heartiest congratulations.**
플리즈 억셉 마이 하르티스트 컨그레추레이션즈
진심으로 축하드립니다.

185

- **I wish you happiness.**
  아이 위시 유 해피니스

  행복을 빕니다.

- **Best wishes to you both.**
  베스트 위시즈 투 유 보우스

  두 분의 행운을 빕니다.

- **Happy birthday to you.**
  해피 버르스데이 투 유

  생일 축하합니다.

- **Many happy returns of the day.**
  매니 해피 리턴즈 어브 더 데이

  생일 축하합니다.

- **A Happy New Year!**
  어 해피 뉴 이어르

  새해 복 많이 받으세요!

- **Merry Christmas!**
  메리 크리스머스

  메리 크리스마스!

Dialog

- Merry Christmas, Emily.
  메리 크리스머스 에밀리
- Thank you, Jim. The same to you.
  쌩큐 짐   더 쎄임 투 유

메리 크리스마스, 에밀리.

고마워, 짐. 너도.

> 💬 **Congratulations on having a baby! What's her name?**
> 컨그래추레이션즈 온 해빙 어 베이비   왓츠 허르 네임
>
> 💬 **Sun-hee is her name.**
> 선희 이즈 허르 네임
>
> 💬 **Best wishes for Sun-hee's happy future!**
> 베스트 위시즈 풔르 선희즈 해피 퓨쳐르

출산 축하해요. 아기 이름이 뭐예요?

선희예요.

선희의 장래가 행복하길 빌어요!

　➔ future 장래

> 💬 **Congratulations, Henry!**
> 컨그래추레이션즈 헨리
>
> **I'm delighted to hear of your engagement to Jane.**
> 아임 딜라이티드 투 히어르 어브 유어르 인게이지먼트 투 제인
>
> 💬 **Thank you. Could you attend our wedding reception?**
> 쌩큐   쿠쥬 어텐드 아우어르 웨딩 리셉션
>
> 💬 **Yes, of course. With pleasure.**
> 예스 어브 코르스   위드 플레줘르

축하해, 헨리.

제인과 약혼한다고.

고마워. 피로연에 참석해 주겠어?

물론이지. 기꺼이 가지.

　➔ be delighted 기쁘다
　➔ engagement 약혼
　➔ wedding reception 결혼 피로연
　➔ with pleasure 기쁘게

UNIT **13** 문병

Daily Expressions of English Conversation

Daily Expressions

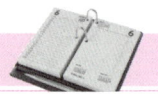

- **How are you feeling?**
  하우 아르 유 필링
  기분은 어떠세요?

- **How is your mother's condition?**
  하우 이즈 유어르 마더르즈 컨디션
  어머님의 상태는 어떠세요?

- **I hope it's nothing serious.**
  아이 홉 잇츠 낫씽 씨어리어스
  위중하지 않기를 빕니다.

- **Don't let this malady get the better of you.**
  돈 렛 디스 맬러디 겟 더 베러르 어브 유
  이 병에 지면 안돼요.

- **I'm sure you'll recover in no time.**
  아임 슈어르 유일 리커버르 인 노우 타임
  틀림없이 곧 회복하실 겁니다.

- **I hope you'll get well soon.**
  아이 홉 유일 겟 웰 순
  빨리 나으시길 바랍니다.

- **You're looking fine.**
  유아르 루킹 파인

  좋아 보이는데요.

- **Please take good care of yourself.**
  플리즈 테익 굿 케어르 어브 유어르셀프

  건강 조심하세요.

- **Please take the greatest care of your health.**
  플리즈 테익 더 그레이티스트 케어르 어브 유어르 헬스

  건강 조심하세요.

- **What are the visiting hours?**
  왓 아르 더 비지링 아우어르즈

  면회시간은 몇 시입니까?

Dialog

- I was surprised to hear about your illness.
  아이 워즈 써르프라이즈드 투 히어르 어바웃 유어르 일니스

- It's very kind of you to call to inquire after my health.
  잇츠 베리 카인드 어브 유 투 콜 투 인콰이어르 애프터르 마이 헬스

- Don't mention it. How are you feeling?
  돈 멘셔닛   하우 아르 유 필링

- I'm still feverish, but I feel a little better today and I have a good appetite.
  아임 스틸 피버리쉬 벗 아이 필 어 리를 베러르 투데이 앤 아이 해버 굿 애퍼타잇

- Oh, very good! You are looking fine.
  오우 베리 굿   유 아르 루킹 파인

  I hope you'll get well soon.
  아이 홉 유일 겟 웰 순

> **Thank you, I'm getting better.**
> 땡큐 아임 게링 베러르
>
> **I'm glad to hear that.**
> 아임 글랫 투 히어르 댓
>
> **Please take good care of yourself.**
> 플리즈 테익 굿 케어르 어브 유어르셀프

아프시다는 말을 듣고 놀랐습니다.

문병을 와주셔서 대단히 감사합니다.

천만에요. 기분은 어떠세요?

아직 열이 좀 있지만 오늘은 약간 기분이 좋고 식욕도 있어요.

아, 좋아요. 건강해 보이는데요.

빨리 나으시길 빌어요.

고마워요. 좋아지고 있어요.

그 말을 들으니 기쁘군요.

몸조심하세요.

- ➔ inquire after one's health ~을 문병하다
- ➔ feverish 열이 있는
- ➔ appetite 식욕
  cf. have a poor appetite 식욕이 없는

UNIT 14 문상

Daily Expressions

- **I offer you my deepest sympathy.**
  아이 어풔ㄹ 유 마이 디피스트 씸퍼씨
  진심으로 위로를 드립니다.

- **I deeply sympathize with you.**
  아이 디플리 심퍼사이즈 위드 유
  진심으로 위로를 드립니다.

- **Please accept my sincere condolences.**
  플리즈 억셉 마이 씬씨어ㄹ 컨도우런시즈
  진심으로 조의를 드립니다.

- **Please accept my heartfelt sympathy.**
  플리즈 억셉 마이 하르트펠트 씸퍼씨
  진심으로 위로를 드립니다.

- **Please extend my deepest condolences to Mary.**
  플리즈 익스텐드 마이 디피스트 컨도우런시즈 투 메리
  메리에게 깊은 조의를 전해 주십시오.

- **I deeply regret your misfortune.**
  아이 디플리 리그렛 유어ㄹ 미스풔ㄹ춘
  당신의 불행이 정말 슬픕니다.

- **I'm very sorry to hear of your misfortune.**
  아임 베리 쏘리 투 히어르 어브 유어르 미스풔르춘

  당신의 불행이 정말 안됐습니다.

- **I was deeply shocked to hear of the loss of your father.**
  아이 워즈 디플리 샤크트 투 히어르 어브 더 로스 어브 유어르 파더르

  아버님이 돌아가셨다는 소식을 듣고 정말 놀랐습니다.

- **I'm speechless with sorrow.**
  아임 스피칠리스 위드 싸로우

  슬픔을 말할 수 없습니다.

- **I don't know what to say.**
  아이 돈 노우 왓 투 쎄이

  무슨 말을 해야 할지 모르겠습니다.

- **Please don't be too discouraged.**
  플리즈 돈 비 투 디스컬리지드

  너무 낙담하지 마세요.

Dialog

> **I'm very sorry to hear of the loss of your father.**
> 아임 베리 쏘리 투 히어르 어브 더 러스 어브 유어르 파더르
>
> **Please accept my sincere condolences.**
> 플리즈 억셉 마이 씬씨어르 컨도우런시즈

> **You're so kind, Mr. Parker.**
> 유아르 쏘우 카인드 미스터르 파르커르

> **It must have been a great shock to you.**
> 잇 머슷 해브 빈 어 그레잇 샥 투 유

💬 **Yes ….**
예스

💬 **I was deeply shocked to hear of his passing, too.**
아이 워즈 디플리 샥트 투 히어르 어브 히즈 패싱 투

Your father was a wonderful person. We'll miss him.
유어르 파더르 워즈 어 원더르풀 퍼르슨   위일 미스 힘

Please don't be too discouraged.
플리즈 돈 비 투 디스컬리지드

If there's anything we can do for you, please let us know.
이프 데어르즈 애니씽 위 캔 두 풔르 유 플리즈 렛 어스 노우

💬 **Thank you for your kind words.**
땡큐 풔르 유어르 카인드 워르즈

아버님께서 돌아가셨다니 정말 안됐습니다.
진심으로 조의를 드립니다.
고맙습니다. 파커 씨.
충격이 크셨겠어요.
네 ….
저도 그 소식을 듣고 정말 큰 충격을 받았어요.
아버님은 좋은 분이셨어요. 그를 그리워할 겁니다.
부디 용기를 잃지 마세요.
우리가 할 수 있는 일이 있으면 알려주세요.
말씀만으로도 감사합니다.

➔ loss 사망
➔ passing 죽음, 소멸

Tips

조문 매너

외국에는 우리의 부의와 같은 관습은 없고 대신에 꽃을 보내는 것이 보통이다. 흰 카드나 명함(명함인 경우는 왼쪽 위)에 With deepest sympathy.(깊은 애도의 뜻을 드립니다.)라고 애도의 말을 써서 꽃과 함께 보낸다. 단, 유태인에게 있어서 꽃은 기쁜 일을 상징하므로 유태인인 경우에는 꽃을 보내지 않는 것이 좋다.

또한 한국에서는 보통 조전을 보내는데 구미에서는 국내의 사람에게는 보내지 않는다. 해외에 있는 사람에게는 지체 없이 애도의 뜻을 전하는 의미로 전보도 상관없지만 애도의 편지(a letter of condolence)를 쓰는 것이 성실하고 예의에 맞는 행위로 간주된다.

애도의 편지는 흰색 또는 흰색 계열의 좋은 종이에 반드시 자필로 쓰는 것이 매너이다. 부득이하게 시판되는 애도카드를 이용할 때에는 서명은 물론 자필 메시지를 한자 한자 정성껏 쓰는 것을 잊지 말자.

UNIT 15 › 감사

Daily Expressions of English Conversation

Daily Expressions

- **Thank you very much.**
  땡큐 베리 머치
  대단히 감사합니다.

- **Thank you for your help.**
  땡큐 풔ㄹ 유어ㄹ 헬프
  도움 감사합니다.

- **Thanks a lot.**
  땡스 어 랏
  대단히 감사합니다.

- **Thank you just the same.**
  땡큐 저슷 더 쎄임
  어쨌든 감사합니다.

- **I don't know how to thank you.**
  아이 돈 노우 하우 투 땡큐
  어떻게 감사를 해야 할지 모르겠습니다.

- **I appreciate your kindness.**
  아이 어프리시에잇 유어ㄹ 카인드니스
  친절에 감사합니다.

- **I'm very grateful to you.**
  아임 베리 그레잇풀 투 유

  정말 감사합니다.

- **I'm very much obliged to you.**
  아임 베리 머치 어블라이지드 투 유

  감사드립니다.

- **I'm deeply indebted to you.**
  아임 디플리 인데티드 투 유

  당신에게 정말 빚을 졌어요.

대답

- **You're welcome.**
  유아르 웰컴

  천만에요.

- **Not at all.**
  나래롤

  천만에요.

- **Don't mention it.**
  돈 멘셔닛

  천만에요.

Dialog

💬 **Thanks a lot, Jim.**
땡스 어 랏 짐

💬 **That's O.K.**
댓츠 오우케이

고마워, 짐.
괜찮아.

💬 **You have wonderful taste in clothing.**
유 해브 원더르풀 테이스트 인 클로우딩

💬 **Thank you for the compliment.**
땡큐 풔르 더 캄플러먼트

의상감각이 아주 좋은데요.
칭찬 고마워요.

➔ taste 기호, 취미
➔ compliment 칭찬

💬 **Thank you. I deeply appreciate your thoughtfulness.**
땡큐   아이 디플리 어프리시에잇 유어르 쏘웃풀니스

💬 **Not at all.**
나래롤

고맙습니다. 배려에 감사드립니다.
천만에요.

➔ appreciate 감사하다

💬 **I'm deeply indebted to you for everything you've done for me.**
아임 디플리 인데티드 투 유 풔르 에브리씽 유브 던 풔르 미

I shall never forget your kindness as long as I live.
아이 쉘 네버르 풔르겟 유어르 카인드니스 애즈 롱 애즈 아이 리브

💬 **You're welcome. I'm glad to have been of help.**
유아르 웰컴   아임 글랫 투 해브 빈 어브 헬프

여러 가지로 보살펴 주셔서 감사합니다.
친절을 평생 잊지 않을 겁니다.
천만에요. 제가 도울 수 있어서 기뻤습니다.

➔ as long as I live 내가 살아 있는 한
➔ You're welcome. 대신 같은 의미로 It's my pleasure.라고도 한다.

UNIT 16 사과

Daily Expressions of English Conversation

Daily Expressions

- **Excuse me.**
  익스큐즈 미
  미안합니다. / 실례합니다.

- **I'm sorry.**
  아임 쏘리
  미안합니다. / 실례합니다.

- **I beg your pardon.**
  아이 벡 유어르 파르든
  미안합니다.

- **Pardon me.**
  파르든 미
  용서해 주세요.

- **I hope you'll forgive me.**
  아이 홉 유일 풔르기브 미
  용서해 주십시오.

- **It's me that should apologize.**
  잇츠 미 댓 슈드 어팔러자이즈
  사과해야 하는 것은 접니다.

- **I must really apologize to you for my offense.**
아이 머슷 리얼리 어팔러자이즈 투 유 풔ㄹ 마이 어펜스

제 무례를 정말 사과합니다.

- **Please accept my sincere apology.**
플리즈 억셉 마이 씬씨어ㄹ 어팔러지

진심으로 사과드립니다.

Dialog

- **Ouch!**
아우치
- **Oh, I'm terribly sorry.**
오우 아임 테러블리 쏘리

아이쿠!
아, 정말 미안합니다.

- **Excuse me for a moment.**
익스큐즈 미 풔러 모우먼트
- **Certainly.**
써ㄹ튼리

잠깐 실례합니다. 〈사이에 끼어 앉을 때〉
그러세요.

- **I'm sorry to have kept you waiting.**
아임 쏘리 투 해브 켑트 유 웨이링
- **That's quite all right.**
댓츠 콰잇 올 롸잇

기다리시게 해서 죄송합니다.
괜찮아요.

> 💬 **I was very careless. I hope you'll forgive me.**
> 아이 워즈 베리 케어ㄹ리스   아이 홉 유일 풔ㄹ기브 미
>
> 💬 **Of course. It's nothing. Don't worry about that.**
> 어브 코ㄹ스   잇츠 낫씽   돈트 워리 어바웃 댓
>
> **I hope you'll be more careful the next time.**
> 아이 홉 유일 비 모어ㄹ 케어ㄹ풀 더 넥스트 타임

제가 부주의했어요. 용서해 주세요.
물론이죠. 별일 아닌걸요. 걱정하지 마세요.
다음에는 좀 주의해 주세요.

> 💬 **Let me apologize to you for what I said.**
> 렛 미 어팔러자이즈 투 유 풔ㄹ 왓 아이 쎄드
>
> **I didn't mean to hurt your feelings.**
> 아이 디든 민 투 허ㄹ트 유어ㄹ 필링즈
>
> 💬 **I understand. Please don't apologize.**
> 아이 언더ㄹ스탠드   플리즈 돈 어팔러자이즈
>
> **Think nothing of it, please.**
> 씽크 낫씽 어브 잇 플리즈

제가 한 말을 사과드립니다.
당신의 감정을 상하게 할 의도는 아니었어요.
알겠어요. 사과하실 필요 없어요.
신경 쓰지 마세요.

UNIT 17 초대

Daily Expressions of English Conversation

Daily Expressions

- **I'd like to invite you to my house.**
  아이드 라익 투 인바잇츄 투 마이 하우스
  우리집에 초대하고 싶습니다.

- **I'd like to invite you to dinner.**
  아이드 라익 투 인바잇츄 투 디너
  저녁식사 초대를 하고 싶습니다.

- **Could you come to dinner?**
  쿠쥬 컴 투 디너
  저녁식사 하러 와 주시겠습니까?

- **I wonder if you and your wife would be able to come to a party.**
  아이 원더르 이퓨 앤 유어르 와이프 우드 비 에이블 투 컴 투 어 파리
  부부동반으로 파티에 와주시겠습니까?

- **Why don't you come to a party at my place?**
  와이 돈츄 컴 투 어 파리 앳 마이 플레이스
  우리집 파티에 와주지 않겠어요?

- **Are you available for dinner this coming Friday evening?**
아ㄹ 유 어베일러블 풔ㄹ 디너ㄹ 디스 커밍 프라이데이 이브닝

오는 금요일 밤 식사하러 와주시지 않겠습니까?

- **Would you like to join us for lunch?**
우쥬 라익 투 조인 어스 풔ㄹ 런치

우리와 함께 점심식사하지 않겠습니까?

- **Let me treat you to dinner.**
렛 미 트릿츄 투 디너ㄹ

제가 저녁을 살게요.

- **Please be my guest.**
플리즈 비 마이 게스트

한턱낼게요.

Dialog

- **Would you like to go out for dinner this evening?**
우쥬 라익 투 고우 아웃 풔ㄹ 디너ㄹ 디스 이브닝
- **Sure, I'd like to.**
슈어ㄹ 아이드 라익 투

오늘 밤 식사하러 함께 나가시겠어요?
그러죠, 좋아요.

- **We'd like to invite you to dinner tomorrow evening.**
위드 라익 투 인바잇츄 투 디너ㄹ 투마로우 이브닝
- **Thank you. I'll be very happy to come.**
쌩큐　　　　아일 비 베리 해피 투 컴

내일 밤 저녁식사에 초대하고 싶습니다.
감사합니다. 기꺼이 가겠습니다.

💬 **Why don't you come to a party at my place next Sunday night?**
와이 돈 유 컴 투 어 파리 앳 마이 플레이스 넥스트 썬데이 나잇

💬 **That's great. I'd be pleased to.**
댓츠 그레잇 　　　아이드 비 플리즈드 투

다음 주 일요일 밤 우리집 파티에 오시겠습니까?
멋지군요. 꼭 가겠습니다.

💬 **We are having a little party at my house next week.**
위 아르 해빙 어 리틀 파리 앳 마이 하우스 넥스트 위크

I wonder if you would be able to come with your wife.
아이 원더르 이퓨 우드 비 에이블 투 컴 위드 유어르 와이프

💬 **Oh, we'd very much like to. Thank you for inviting us.**
오우 위드 베리 머치 라익 투 　　　　땡큐 풔르 인바이링 어스

다음 주 집에서 약소한 파티를 여는데 부인과 함께 오실 수 있습니까?
네, 꼭 가겠습니다. 초대해 주셔서 감사합니다.

UNIT 18 거절

Daily Expressions of English Conversation

Daily Expressions

- **I'm sorry I can't come.**
  아임 쏘리 아이 캔트 컴
  미안하지만 갈 수 없습니다.

- **I'd like to, but I'm afraid I can't make it this time.**
  아이드 라익 투 벗 아임 어프레이드 아이 캔트 메이킷 디스 타임
  그러고는 싶은데 이번에는 형편이 좋지 않습니다.

- **I wish I could, but I have something to do today.**
  아이 위시 아이 쿠드 벗 아이 해브 썸씽 투 두 투데이
  그러고 싶지만 오늘 할 일이 있어요.

- **I have another engagement on that day.**
  아이 해브 어나더ㄹ 인게이지먼트 온 댓 데이
  그날은 다른 약속이 있어요.

- **I can make it sometime next month.**
  아이 캔 메이킷 썸타임 넥스트 먼스
  다음 달이면 형편이 되는데요.

- **Can we change it to another day?**
  캔 위 체인지 잇 투 어나더르 데이
  다른 날로 바꿀 수는 없습니까?

- **Let's make it some other time.**
  렛츠 메이킷 썸 아더르 타임
  다음에 하지요.

- **Please ask me again some other time.**
  플리즈 애스크 미 어겐 썸 아더르 타임
  다음에 다시 초대해 주세요.

Dialog

- **We are having a party on Saturday, the 15th.**
  위 아르 해빙 어 파리 온 쌔러르데이 더 피프틴스

  If you are free, we'd like you to join us.
  이퓨 아르 프리 위드 라익 유 투 조인 어스

- **I wish I could be there, but I have to go to Busan on a business trip on that day.**
  아이 위시 아이 쿠드 비 데어르 벗 아이 해브 투 고우 투 부산 온 어 비즈니스 트립 온 댓 데이

15일 토요일에 파티를 여는데 만일 시간이 있다면 당신도 오셨으면 해요.
- 가고는 싶은데요. 그 날은 부산에 출장가야 해서요.
  ⇒ on a business trip 출장으로

💬 **Could you come to our party this coming Sunday evening?**
쿠쥬 컴 투 아우어르 파리 디스 커밍 썬데이 이브닝

💬 **It's very kind of you to invite me, but I'm very sorry I have a previous engagement on that evening.**
잇츠 베리 카인드 어브 유 투 인바잇 미 벗 아임 베리 쏘리 아이 해버 프리비어스 인게이지먼트 온 댓 이브닝

Please ask me again some other time.
플리즈 애스크 미 어겐 썸 아더르 타임

💬 **Surely. I hope you'll join us next time.**
슈어르리   아이 홉 유일 조인 어스 넥스트 타임

💬 **Yes, I certainly will.**
예스 아이 써르튼리 윌

이번 일요일 밤에 우리집 파티에 오시겠습니까?
초대해 주셔서 감사한데요. 정말 죄송하지만 그날은 선약이 있어서요.
다음에 다시 초대해 주십시오.
그러지요. 다음에는 꼭 함께 할 수 있기를 바랍니다.
네, 그러겠습니다.

UNIT 19 방문

Daily Expressions of English Conversation

Daily Expressions

- **How nice of you to come!**
  하우 나이스 어브 유 투 컴
  어서 오세요!

- **It's nice to have you visit us.**
  잇츠 나이스 투 해뷰 비짓 어스
  잘 오셨습니다.

- **I'm so glad you have come.**
  아임 쏘우 글랫 유 해브 컴
  와 주셔서 기쁩니다.

- **Please come right in.**
  플리즈 컴 롸잇 인
  어서 들어오세요.

- **Please leave your shoes here.**
  플리즈 리브 유어 슈즈 히어
  여기에 신을 벗으세요.

- **May I take your coat?**
  메이 아이 테익 유어 코웃
  코트는 제게 주세요.

- **They are expecting you.**
데이 아르 익스펙팅 유

모두 기다리고 있어요.

- **Please make yourself at home.**
플리즈 메익 유어르셀프 앳 호움

편히 하세요.

- **Please stretch your legs.**
플리즈 스트레치 유어르 레그즈

발을 편히 뻗으세요.

- **It was a pleasure having you.**
잇 워저 플레줘르 해빙 유

와 주셔서 기뻤습니다.

- **We enjoyed your company.**
위 인조이드 유어르 컴퍼니

함께 할 수 있어서 즐거웠습니다.

- **Please come around again.**
플리즈 컴 어라운드 어겐

다시 들러주세요.

- **Please take care on your way home.**
플리즈 테익 케어르 온 유어르 웨이 호움

편히 돌아가세요.

Dialog

- **Good afternoon.**
  굿 애프터르눈

- **Oh, good afternoon. How nice of you to come!**
  오우 굿 애프터르눈   하우 나이스 어브 유 투 컴

  Please come in now.
  플리즈 컴 인 나우

- **I've neglected calling on you for a long time.**
  아이브 니그렉티드 콜링 온 유 퍼러 롱 타임

- **It's my fault. We hardly ever see each other.**
  잇츠 마이 펄트   위 하르들리 에버르 씨 이치 아더르

- **I hope I'm not disturbing you.**
  아이 홉 아임 낫 디스터르빙 유

- **Oh, no, not at all. We are so happy you have come.**
  오우 노우 나래롤   위 아르 쏘우 해피 유 해브 컴

  Please come into the living room.
  플리즈 컴 인투 더 리빙 룸

(In the living room)

- **Please sit down and make yourself at home.**
  플리즈 씻 다운 앤 메익 유어르셀프 앳 호움

- **Thank you.**
  땡큐

- **Would you like a cup of coffee?**
  우쥬 라익 어 컵 어브 커피

- **Don't trouble yourself, please.**
  돈트 트러블 유어르셀프 플리즈

안녕하세요.

안녕하세요. 잘 오셨어요.

안으로 들어오세요.

오랫동안 찾아뵙지 못했습니다.

제 잘못이죠. 오랫동안 못 만났지요.

방해가 되지 않았으면 좋겠어요.

아뇨, 천만에요. 와주셔서 기쁩니다. 거실로 가시죠.

(거실에서)

앉으셔서 편히 하세요.

감사합니다.

커피 어떠세요?

폐가 되지 않으면 부탁합니다.

- ➔ neglect 게을리 하다, 소홀히 하다
- ➔ fault (잘못의) 책임
- ➔ disturb 방해하다
- ➔ 「폐가 되지 않는다면」은 이외에 Please don't go to any trouble. 이라고도 한다

Tips

레이디 퍼스트

- 문을 열고 여성을 먼저 들어가게 한다. 엘리베이터 등인 경우에는 버튼을 눌러서 여성을 먼저 태우고 내릴 때에 여성이 먼저 내리고 남성이 뒤따라 내린다. 「먼저 타세요[내리세요]」는 After you, please.
- 승용차를 탈 때 남성은 문을 열고 여성을 먼저 태우고 내릴 때에는 남성이 먼저 내려서 여성이 탄 쪽의 문을 열고 내리게 한다.
- 극장 또는 레스토랑 등에서 안내인(usher)이 안내해 줄 때에는 여성이 먼저, 안내인이 없을 때에는 남성이 앞서 간다.
- 두 사람이 함께 오르내릴 수 없는 좁은 계단 등에서는 오를 때 여성이 먼저, 내려올 때 남성이 먼저 내려온다.
- 여성과 함께 길을 걸을 때에는 남성이 차로 쪽에서 걷는다.
- 엘리베이터 등을 여성과 함께 탄 경우 남성은 모자를 벗는다.
- 방에 여성이 들어왔을 때나 나갈 때 남성은 일어선다.
- 악수는 여성이 남성에게 청하지 않을 때에는 남성이 악수를 청하지 않는다.
- 여성이 의자에 앉을 때에는 의자를 당겨준다.
- 음식을 줄 때에는 여성에게 먼저 준다.
- 여성이 옷을 입거나 벗을 때 거들어준다.
- 여성이 무거운 짐을 들고 있을 때에는 들어 준다.

✱ 여성과 차별어

영어에는 인간을 "man"이나 "he"로 나타내고 인류는 mankind나 human beings라고 한다. 또한 policeman「경관」, fireman「소방관」, spokesman「대변인」, chairman「의장」등 직업이나 지위를 나타내는 말에도 남성을 의미하는 "man"이 많이 사용되지만 여성이 다양한 일에 진출하게 되어 직업에서도 남녀의 경계가 사라지고 있는 지금 미국에서 이런 말은 시대에 뒤떨어지는 것으로 여겨 점차 바뀌어 가고 있다.
spokesman에 대해 spokeswoman을 쓰고, chairman의 "man" 대신에 "person"을 넣어 chairperson으로 나타낸다.

UNIT 20 음료를 권할 때

Daily Expressions of English Conversation

Daily Expressions

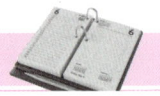

- **Please have some green tea.**
  플리즈 해브 썸 그린 티
  녹차 좀 드세요.

- **Would you like something to drink?**
  우쥬 라익 썸씽 투 드링크
  음료를 좀 드시겠어요?

- **May I have tea with lemon?**
  메이 아이 해브 티 위드 레몬
  레몬 티 좀 마실 수 있습니까?

- **I'd like juice, please.**
  아이드 라익 쥬스 플리즈
  주스 주세요.

- **Which would you prefer, tea or coffee?**
  위치 우쥬 프리풔르 티 오어r 커피
  홍차와 커피 중에 어느 것을 좋아합니까?

- **How would you like your coffee?**
  하우 우쥬 라익 유어r 커피
  커피는 어떻게 드십니까?

- **With sugar and cream, please.**
  위드 슈거르 앤 크림 플리즈

  설탕과 크림을 넣어 주세요.

- **With sugar, no cream, please.**
  위드 슈거르 노우 크림 플리즈

  설탕은 넣고 크림은 넣지 마세요.

- **I'd like to have mine without cream.**
  아이드 라익 투 해브 마인 위다웃 크림

  제 것은 크림을 넣지 마세요.

- **Will you have another cup of coffee?**
  윌 유 해브 어나더르 컵 어브 커피

  커피를 한 잔 더 드시겠어요?

- **I take my coffee black.**
  아이 테익 마이 커피 블랙

  블랙으로 마시겠습니다.

Dialog

- Would you like some refreshments?
  우쥬 라익 썸 리프레시먼츠

- Yes, please.
  예스 플리즈

- We have Coca-Cola, ginger ale and grape juice.
  위 해브 코우커 코울러 진저르 에일 앤 그레입 주스

  What would you like?
  왓 우쥬 라익

💬 **May I have some grape juice, please?**
메이 아이 햅 썸 그레입 주스 플리즈

💬 **By all means.**
바이 올 민즈

How about another glass of grape juice?
하우 어바웃 어나더르 글래스 어브 그레입 주스

💬 **Thank you. I'll have one more glass, please.**
쌩큐　　　아일 해브 원 모어르 글래스 플리즈

음료 좀 드시겠어요?
네, 주세요.
코카콜라, 진저엘, 포도주스가 있는데요.
뭘 드시겠어요?
포도주스를 주시겠어요?
네, 그러지요.
포도주스 한 잔 더 드시겠어요?
감사합니다. 그럼 한 잔 더 마시겠습니다.

💬 **How would you like your coffee?**
하우 우쥬 라익 유어르 커피

💬 **With sugar and cream, please.**
위드 슈거르 앤 크림 플리즈

💬 **How many spoonfuls of sugar do you like?**
하우 매니 스푼풀즈 어브 슈거르 두 유 라이크

💬 **Two, please.**
투 플리즈

💬 **Here you are.**
히어르 유 아르

💬 **Thank you.**
쌩큐

커피는 어떻게 드세요?
설탕과 크림을 넣어 주세요.
설탕은 몇 스푼 넣지요?
두 스푼 주세요.
여기 있습니다.
고맙습니다.

UNIT 21 〉 식사

Daily Expressions of English Conversation

Daily Expressions

- **Help yourself, please.**
  헬프 유어r셀프 플리즈
  많이 드세요.

- **Please help yourself to the salad.**
  플리즈 헬프 유어r셀프 투 더 샐러드
  샐러드 많이 드세요.

- **Please help yourself to anything you like.**
  플리즈 헬프 유어r셀프 투 애니씽 유 라이크
  좋아하시는 거 많이 드세요.

- **Would you like some more meat?**
  우쥬 라익 썸 모어r 밋
  고기 더 드시겠어요?

- **Please have some more.**
  플리즈 햅 썸 모어r
  조금 더 드세요.

- **Would you pass me the salt, please?**
  우쥬 패스 미 더 썰트 플리즈
  소금을 집어 주시겠어요?

- **This is very delicious[excellent].**
  디스 이즈 베리 딜리셔스[엑설런트]
  이거 정말 맛있군요.

- **May I have some more?**
  메이 아이 햅 썸 모어ㄹ
  더 먹어도 됩니까?

- **May I trouble you for another cup of coffee?**
  메이 아이 트러블 유 풔ㄹ 어나더ㄹ 컵 어브 커피
  커피를 한 잔 더 부탁해도 됩니까?

- **No more, thank you.**
  노우 모어ㄹ 땡큐
  이제 됐습니다.

- **I've had enough.**
  아이브 해드 이너프
  많이 먹었습니다.

- **I've enjoyed the dinner very much.**
  아이브 인조이드 더 디너ㄹ 베리 머치
  저녁 아주 잘 먹었습니다.

Dialog

- Please help yourself to anything you like.
  플리즈 헬프 유어ㄹ셀프 투 애니씽 유 라이크
- Thank you.
  땡큐

💬 **Would you like roast beef?**
우쥬 라익 로우스트 비프

💬 **Yes, it's my favorite.**
예스 잇츠 마이 페이버릿

💬 **How would you like it?**
하우 우쥬 라이킷

💬 **Oh, this is very excellent!**
오우 디스 이즈 베리 엑설런트

💬 **I'm glad you like it. Please have some more.**
아임 글랫 유 라이킷   플리즈 햅 썸 모어르

💬 **No more, thank you. I've had enough.**
노우 모어르 땡큐   아이브 해드 이너프

💬 **Are you sure?**
아르 유 슈어르

💬 **Yes, I'm sure. It's so delicious that I've eaten too much.**
예스 아임 슈어르   잇츠 쏘우 딜리셔스 댓 아이브 이튼 투 머치

 I've enjoyed the dinner very much.
아이브 인조이드 더 디너르 베리 머치

좋아하는 것이 있으면 많이 들어요.
감사합니다.
로스트비프는 어때요?
네, 아주 좋아합니다.
어때요?
정말 맛있군요!
좋아하시니 기쁘군요. 더 들어요.
이제 됐어요. 많이 먹었어요.
정말이에요?
네, 맛있어서 너무 많이 먹었어요. 저녁 정말 잘 먹었습니다.

➔ favorite 좋아하는 것
➔ excellent 훌륭한, 우수한

테이블 매너

- 냅킨은 반으로 접어서 무릎 위에 올려놓는다. 냅킨은 식사 중에 자리를 뜰 때에는 의자 위에, 식사를 끝냈을 때에는 테이블 위에 올려놓는다.
- 수프는 스푼으로 바깥쪽으로 떠 올려서 먹는다. 수프가 적을 때에는 왼쪽 손으로 약간 들어 올려서 반대쪽으로 기울인 다음 떠먹는다. 식사 중 특히 수프를 먹을 때 소리를 내서는 안 된다. 영어에서는 drink soup이라고 하지 않고 eat soup이라고 한다.
- 스푼, 나이프, 포크 류는 바깥쪽에서부터 안쪽으로 사용한다.
- 테이블에서 그릇을 떨어뜨리지 않도록 조심한다.
- 왼손으로 포크를 잡고 오른손의 나이프로 조금씩 잘라 놓은 다음에 왼손의 포크로 먹는 것이 일반적이지만 미국식은 포크를 오른손으로 바꾸어서 먹는다. 식사 중일 때는 접시 위에 나이프와 포크를 팔(八)자 형으로 올려놓는다. 식사를 마쳤을 때에는 나이프의 날을 안쪽으로 향하도록 하고 포크와 나란히 접시 위에 올려놓는다.
- 빵은 조금씩 손으로 찢어 먹는다. 나이프로 잘라 먹어서는 안 된다.
- 음식물을 입에 가득 문 채 말하지 않는다.
- 소금이나 후추 등이 멀리 있을 경우에는 다른 사람 앞에 있는 것을 함부로 집어 오지 말고 Would you pass me the salt, please?(소금을 건네주시겠어요?)라고 가까이에 있는 사람에게 부탁한다.
- 떨어뜨린 나이프나 포크 등은 자신이 줍지 말고 웨이터에게 맡긴다.
- 담배는 디저트가 끝나고 커피나 홍차 등 음료가 나올 때까지는 삼간다.
- 식사는 화기애애한 분위기 속에서 즐겁게 이야기하면서 먹는다. 그러기 위해서는 취미나 여행, 스포츠 등 즐거운 화제를 선택하고 종교, 정치 등 논쟁의 여지가 있는 문제는 피하는 것이 좋다.

Tips

BYOB 파티

미국의 젊은이들은 각자 음식이나 음료를 가지고 와서 조촐한 파티를 연다. 이것을 "BYOB" 또는 "BYOF" 파티라고 부르고 초대카드에 "BYOB"나 "BYOF"라고 쓴다.

"BYOB"는 Bring Your Own Bottle, 또한 BYOF의 F는 Food의 약자이다. 즉, "주류나 음식물을 지참해 주십시오."라는 의미인 것이다. 초대하는 쪽은 가벼운 마른안주나 소프트드링크 정도만 준비하면 되고, 초대를 받은 쪽도 가벼운 마음으로 참석할 수 있다는 점에서 미국다운 실용적인 파티라고 할 수 있다.

UNIT 22 선물을 줄 때

Daily Expressions

- **Here you are.**
  히어르 유 아르
  여기 있어요.

- **Here it is.**
  히어르 이리즈
  여기 있어요.

- **This is for you.**
  디스 이즈 풔르 유
  이건 당신에게 드리는 겁니다.

- **This is from me.**
  디스 이즈 프럼 미
  이건 제가 드리는 겁니다.

- **Please accept this little present.**
  플리즈 억셉 디스 리를 프레즌트
  약소한 선물인데 받아주세요.

- **Here's a little something for you.**
  히어르즈 어 리를 썸씽 풔르 유
  약소한 것입니다.

- **Would you please accept this as a token of our appreciation and thanks?**
  우쥬 플리즈 억셉 디스 애저 토큰 어브 아우어ㄹ 어프리시에이션 앤 땡스

  우리의 감사 표시로 이것을 받아 주시겠습니까?

- **I have a birthday present for you.**
  아이 해버 버르스데이 프레즌 풔ㄹ 유

  당신에게 줄 생일 선물이 있습니다.

- **This is just what I've wanted.**
  디스 이즈 저스트 왓 아이브 워니드

  이건 바로 제가 원했던 거예요.

- **I'm glad you like it.**
  아임 글랫 유 라이킷

  마음에 드신다니 기쁘군요.

Dialog

- **Happy birthday to you, Sandra!**
  해피 버르스데이 투 유 샌드라

- **Thank you.**
  땡큐

- **I have a birthday present for you.**
  아이 해버 버르스데이 프레즌 풔ㄹ 유

- **What is it, I wonder?**
  왓 이짓 아이 원더ㄹ

- **Here you are.**
  히어ㄹ 유 아ㄹ

💬 **Oh, how kind and thoughtful of you!**
오우 하우 카인드 앤 쏘웃풀 어브 유

May I open it right away?
메이 아이 오우픈 잇 롸잇 어웨이

💬 **Yes, please go ahead. I hope you'll like it.**
예스 플리즈 고우 어헤드   아이 홉 유일 라이킷

💬 **My! What a beautiful watch! I like it very much.**
마이   와러 뷰리플 워치   아이 라이킷 베리 머치

This is just what I've wanted.
디스 이즈 저스트 왓 아이브 원티드

💬 **I'm glad you like it.**
아임 글랫 유 라이킷

💬 **Thank you so much, Jane.**
땡큐 쏘우 머치 제인

💬 **Not at all.**
나래롤

산드라, 생일 축하해요!
고마워요.
당신에게 줄 선물이 있어요.
뭔데요?
여기 있어요.
아, 고마워요! 열어봐도 될까요?
네, 그러세요. 마음에 들면 좋겠어요.
어머! 정말 예쁜 시계군요. 정말 마음에 들어요. 바로 제가 원했던 거예요.
마음에 든다니 기뻐요.
정말 고마워요. 제인.
천만에요.

Tips

겸양 표현

한국인은 자신을 낮추는 겸양 표현을 많이 쓴다. 예를 들면 선물을 주는 경우「보잘 것 없는 물건입니다.」라고 하는데 영어에서는 This is a humble thing.이라고 하지 않는다. 하잘 것 없는 물건을 선물하는 것은 도리에 맞지 않는다. 겸양 표현으로는 Here is a little something.이나 This is a small gift.(작은 선물입니다.) 정도가 있다.

겸손한 표현보다는 물론 This is my favorite thing. I hope you'll enjoy it.(이것은 제가 좋아하는 것입니다만 당신 마음에도 들었으면 해요.)이나 This is the tea I like very much. I'd like you to try it.(제가 아주 좋아하는 차인데요, 한 번 드셔보세요.)이라는 긍정적인 표현이 많이 쓰인다.

선물을 받은 사람은 그 자리에서 선물을 열어보고 상대방에게 감사와 기쁜 마음을 전한다. 만일 상대에게「미안하다」라는 감정을 전하고 싶을 때에는 You shouldn't have!(이러지 않으셔도 되는데요.)라고 한다. 이 You shouldn't have!는 You shouldn't have done this!를 줄여서 한 말이지만 줄인 말 그대로 하는 것이 좋다. 전부를 확실하게 말하면 배려에 대해「쓸데없는 일을 해 주셔서 황당하다.」라는 질책하는 느낌을 줄 수 있으므로 어법에도 주의할 필요가 있다. 또한 간단한 선물을 가지고 온 상대에게「신경 쓰시지 마시고 다음에는 빈손으로 오세요.」라고 할 때에는 Please just bring yourself next time. 또는 Please just come without.이라고 한다. 음식을 권할 때 우리나라에서는「차린 건 없지만 많이 드세요.」라고 하지만 영어로는 There's nothing to eat, but please help yourself.라고는 하지 않는다. 차린 것이 없는데 많이 먹을 게 있겠는가? 또한 다른 사람의 집을 방문하고 나서 작별을 할 때「폐가 많았습니다.」라고 하는데 직역해서 I'm sorry I have disturbed you. 또는 I'm sorry I have been a bother.라고는 하지 않는다. 이런 표현은 실제로 폐를 끼쳤거나 방해를 했을 때에만 사용하는 것이므로 인사 대신으로 써서는 안 된다.

UNIT 23 사진을 찍을 때

Basic Expressions of English Conversation

Daily Expressions

- **May I take your picture?**
  메이 아이 테익 유어ㄹ 픽쳐ㄹ
  당신 사진을 찍어도 됩니까?

- **Would you take our picture with this camera?**
  우쥬 테익 아우어ㄹ 픽쳐ㄹ 위드 디스 캐머라
  이 카메라로 우리 사진을 찍어 주시겠습니까?

- **May I take your picture with us?**
  메이 아이 테익 유어ㄹ 픽쳐ㄹ 위드 어스
  함께 사진을 찍어도 됩니까?

- **Shall we take a picture with Mt. Sorak for a background?**
  쉘 위 테이커 픽쳐ㄹ 위드 마운튼 서락 풔러 백그라운드
  설악산을 배경으로 사진 한 장 찍을까요?

- **Just press the shutter, please.**
  저스트 프레스 더 셔러ㄹ 플리즈
  셔터를 누르기만 하면 됩니다.

227

- **Would you like it full length?**
  우쥬 라이킷 풀 렝스
  전신이 다 나오게 할까요?

- **Hold still for a minute, please.**
  호울드 스틸 풔러 미닛 플리즈
  잠깐만 움직이지 마세요.

- **Will you move a little to the right[left]?**
  윌 유 무버 리를 투 더 롸잇[레프트]
  오른쪽[왼쪽]으로 약간 움직여 주시겠어요?

- **Will you step forward[backward] a little?**
  윌 유 스텝 풔르워르드[백워르드] 어 리를
  한 발짝 앞으로[뒤로] 옮겨 주시겠어요?

- **Are we permitted to take pictures here?**
  아르 위 퍼르미티드 투 테익 픽쳐르즈 히어르
  여기서 사진을 찍어도 됩니까?

Dialog

- Excuse me.
  익스큐즈 미

- Yes. What is it?
  예스 왓 이짓

- I'm sorry to trouble you, but would you kindly take our picture with this camera?
  아임 쏘리 투 트러블 유 벗 우쥬 카인들리 테익 아우어르 픽쳐르 위드 디스 캐머러

- Yes, I'd be glad to.
  예스 아이드 비 글랫 투

💬 **Could you include that gate in the picture?**
쿠쥬 인클루드 댓 게잇 인 더 픽쳐르

💬 **All right. Please tell me how to use this camera.**
올 롸잇   플리즈 텔 미 하우 투 유즈 디스 캐머라

💬 **It's entirely automatic.**
잇츠 엔타이러르리 어러매릭

So all you have to do is to press the shutter.
쏘우 올 유 해브 투 두 이즈 투 프레스 더 셔러르

💬 **I see. Are you all ready? OK!**
아이 씨   아르 유 올 레디   오우케이

Here we go. Say, "Cheese!"
히어르 위 고우   쎄이 치즈

💬 **Thank you so much.**
쌩큐 쏘우 머치

💬 **You're welcome. I hope it will turn out all right.**
유아르 웰컴   아이 홉 잇 윌 턴 아웃 올 롸잇

실례합니다.
네, 뭐지요?
폐를 끼쳐서 죄송한데요, 이 카메라로 저희 사진을 찍어 주시겠어요?
네, 그러지요.
저 문도 나오게 해주시겠어요?
알겠습니다. 이 카메라는 어떻게 사용합니까?
전자동이니까 셔터만 누르면 됩니다.
알겠습니다. 준비 됐나요? 좋아요!
찍습니다. 웃으세요.
대단히 감사합니다.
천만에요. 잘 나왔으면 좋겠어요.

UNIT 24 ▶ 면회

Daily Expressions of English Conversation

Daily Expressions

- **I'd like to see Mr. Wilson, please.**
  아이드 라익 투 씨 미스터ㄹ 윌슨 플리즈
  윌슨 씨를 뵙고 싶은데요.

- **I have an appointment with Mr. Wilson at 3 o'clock.**
  아이 해브 언 어포인먼트 위드 미스터ㄹ 윌슨 앳 쓰리 어클락
  윌슨 씨와 3시에 약속을 했습니다.

- **I wonder if I could see Mr. Wilson.**
  아이 원더ㄹ 이프 아이 쿠드 씨 미스터ㄹ 윌슨
  윌슨 씨를 뵐 수 있나요?

- **May I see John for just a moment?**
  메이 아이 씨 존 풔ㄹ 저스터 모우먼트
  존을 잠깐 만나고 싶은데요?

- **I have a letter of introduction to Mr. Wilson from Mr. Kim.**
  아이 해버 레러ㄹ 어브 인트러덕션 투 미스터ㄹ 윌슨 프럼 미스터ㄹ 킴
  윌슨 씨에게 김 선생님으로부터의 소개장을 가지고 있는데요.

- **I phoned earlier for an appointment.**
  아이 포운드 어ㄹ리어ㄹ 풔ㄹ 언 어포인먼트
  미리 예약 전화를 했습니다.

- **I don't have an appointment, but this is rather urgent.**
  아이 돈트 해브 언 어포인먼트 벗 디스 이즈 래더ㄹ 어ㄹ전트
  약속은 하지 않았지만 급한 용무가 있습니다.

- **I'd like to make an appointment now.**
  아이드 라익 투 메이컨 어포인먼트 나우
  지금 약속을 하고 싶은데요.

- **Could you spare me a few minutes?**
  쿠쥬 스페어ㄹ 미 어 퓨 미닛츠
  잠깐 시간을 내 주시겠습니까?

- **May I have a few minutes with you?**
  메이 아이 해버 퓨 미닛츠 위듀
  잠깐 시간을 내 주시겠습니까?

Dialog

- **Good morning. May I help you?**
  굿 모르닝 메이 아이 헬프 유

- **I'm Jin-woo Lee of Hansung Trading Company from Seoul.**
  아임 진우 리 어브 한성 트레이딩 컴퍼니 프럼 써울

  I'd like to see Mr. Bowers.
  아이드 라익 투 씨 미스터르 보우워르즈

- **Do you have an appointment?**
  두 유 해번 어포인먼트

- **Yes, I called for a 10 o'clock appointment.**
  예스 아이 콜드 풔러 텐 어클락 어포인먼트

- **Just a moment, please.**
  저스터 모우먼트 플리즈

  I'll inform Mr. Bowers of your arrival.
  아일 인폼 미스터르 보우워르즈 어브 유어르 어라이벌

(In a short while)

- **Sorry to have kept you waiting.**
  쏘리 투 해브 켑츄 웨이링

  He is still in a conference now.
  히 이즈 스틸 인 어 컨풔런스 나우

  But he'll be here in a moment.
  벗 히일 비 히어르 인 어 모우먼트

  Please be seated and wait for a while, Mr. Lee.
  플리즈 비 씻티드 앤 웨잇 풔러 와일 미스터르 리

- **Thank you very much.**
  쌩큐 베리 머치

- **You're welcome.**
  유아르 웰컴

안녕하세요. 도와 드릴까요?
서울에서 온 한성무역의 이진우라고 합니다.
보워즈 씨를 만나고 싶습니다.
약속을 하셨습니까?
네, 전화로 10시에 약속을 했습니다.
잠깐만 기다리세요.
보워즈 씨에게 당신이 오셨다고 알려 드리겠습니다.

(잠시 후)
기다리시게 해서 죄송합니다.
그는 아직 회의 중입니다.
곧 오시니까 앉으셔서 잠깐만 기다리세요. 이 선생님.
대단히 감사합니다.
천만에요.

Tips

약속의 확인과 변경

상대방과 한 약속을 확인할 때는 Please come on time.(늦지 않게 와 주세요.), Are you sure you can come?(확실히 오는 거죠?)이나 Come by all means.(꼭 오세요.)라고 한다. 올 수 없으면 미리 알려 달라고 부탁할 때는 Please let us know when you can't come.(못 올 때는 연락해 주세요.)이나 Please phone us when you can't come.(못 오시면 전화해 주세요.)이라고 한다.

늦어질 것 같을 때는 I may be half an hour late.(30분 정도 늦을 지도 몰라요.)이나 I may be a little late.(약간 늦을 지도 몰라요.)이라고 사전에 연락을 한다. 약속시간을 바꿀 때는 Can we make an appointment a little late?(약속 시간을 조금 늦출 수 있겠어요?)이라고 한다. 약속을 지키기 어려울 때는 Could we make it some other time?(다른 때로 해주시겠어요?)이라고 하는데 먼저 I'm terribly sorry, but I can't come.(죄송하지만 갈 수 없는데요.)이라고 정중히 사과의 말을 한다.

급한 용무가 생겨서 약속을 지킬 수 없다면 Something urgent has come up.(급한 용무가 생겼어요.)이나 Some unavoidable business has come up.(피할 수 없는 사정이 생겼습니다.)이라고 말한다. 건강 문제라면 I don't feel very well.이라 하며, 갈 수 있을 지 없을지 확실하지 않다면 I'll do my best to come, but please excuse me if I can't.(가능하면 가겠습니다만 만일 가지 못하면 용서해 주세요.)라고 한다.

UNIT 25 > 형편을 물을 때

Daily Expressions of English Conversation

Daily Expressions

- **When would be most convenient for you?**
  웬 우드 비 모우스트 컨비니언트 풔r 유
  언제 시간이 제일 좋습니까?

- **Is 3 o'clock convenient for you?**
  이즈 쓰리 어클락 컨비니언트 풔r 유
  3시에 시간은 어떻습니까?

- **Would two thirty suit you?**
  우드 투 써리 숫츄
  2시 반은 좋습니까?

- **How about next Wednesday afternoon at 2 o'clock?**
  하우 어바웃 넥스트 웬즈데이 애프터r눈 앳 투 어클락
  다음 주 수요일 오후 2시는 어떻습니까?

- **Is 4 o'clock all right with you?**
  이즈 풔r 어클락 올 롸잇 위듀
  4시는 어떻습니까?

- **What are your plans for tomorrow?**
  왓 아r 유어r 플랜즈 풔r 투마로우
  내일 일정은 어떻습니까?

235

- **When shall we make it?**
  웬 쉘 위 메이킷
  언제로 할까요?

- **When can you make it?**
  웬 캔 유 메이킷
  언제가 좋습니까?

- **When will it be convenient for you to visit me?**
  웬 윌 잇 비 컨비니언트 풔 유 투 비짓 미
  오시기 편한 시간이 언제입니까?

- **What time could I come and see him?**
  왓 타임 쿠다이 컴 앤 씨 힘
  몇 시에 그를 찾아뵐 수 있습니까?

- **Any time will be fine.**
  애니 타임 윌 비 파인
  언제라도 좋습니다.

Dialog

- Is 6 o'clock all right with you?
  이즈 씩스 어클락 올 롸잇 위듀
- Yes, it is.
  예스 잇 이즈
- I'll pick you up at 6 o'clock tomorrow.
  아일 픽 유 업 앳 씩스 어클락 투마로우

6시 괜찮아?
그래.
그럼 내일 6시에 데리러 갈게. ➔ pick ~ up ~을 차에 태우다

💬 **I wonder if you would have time to see me on Thursday.**
아이 원더르 이퓨 우드 해브 타임 투 씨 미 온 써르즈데이

💬 **Yes. What time can you make it?**
예스   왓 타임 캔 유 메이킷

💬 **Any time that suits you is fine with me.**
애니타임 댓 숫츠 유 이즈 파인 위드 미

💬 **Then, I'll see you at 5 at the lobby of the Lotte Hotel if that's convenient.**
덴 아일 씨 유 앳 파이브 앳 더 라비 어브 더 롯데 호우텔 이프 댓츠 컨비니언트

목요일에 저를 만날 시간이 있나요?
네. 몇 시가 좋겠어요?
당신이 편한 시간이면 언제라도 좋아요.
그럼, 괜찮다면 롯데호텔 로비에서 5시에 만나요.

💬 **When would be most convenient?**
웬 우드 비 모우스트 컨비니언트

💬 **Any time will be fine.**
애니 타임 윌 비 파인

Any time after two will be all right with me.
애니 타임 애프터르 투 윌 비 올 롸잇 위드 미

Any time between two and five will be convenient.
애니 타임 비트윈 투 앤 파이브 윌 비 컨비니언트

언제가 제일 시간이 좋습니까?
언제라도 좋아요. 2시 이후면 아무 때나 좋아요.
2시부터 5시 사이면 좋습니다.

UNIT 26 건물 내를 안내할 때

Daily Expressions of English Conversation

Daily Expressions

- **Where can I find the sales department?**
  웨어ㄹ 캔 아이 파인드 더 세일즈 디파르트먼트
  영업부는 어디입니까?

- **Which floor is Dr. Kim's dental clinic on?**
  위치 플로어ㄹ 이즈 닥터ㄹ 킴즈 덴털 클리닉 언
  김치과의원은 몇 층에 있습니까?

- **Which way is it to Mr. Mason's office?**
  위치 웨이 이짓 투 미스터ㄹ 메이슨즈 어피스
  메이슨 씨 사무실은 어디입니까?

- **Which way do I go to the editorial department?**
  위치 웨이 두 아이 고우 투 디 에더터리얼 디파르트먼트
  편집부는 어디로 갑니까?

- **Could you tell me where the rest room is?**
  쿠쥬 텔 미 웨어ㄹ 더 레스트 룸 이즈
  화장실은 어디에 있습니까?

- **Could you direct me to the watch department, please?**
  쿠쥬 디렉 미 투 더 워치 디파르트먼트 플리즈
  시계매장은 어디입니까?

- **Where is the exit[entrance], please?**
  웨어르 이즈 더 에그짓[엔트런스] 플리즈
  출구[입구]는 어디입니까?

- **Could you please show me to Mr. Lee's office?**
  쿠쥬 플리즈 쇼우 미 투 미스터르 리즈 어피스
  이 선생님의 사무실을 안내해 주시겠습니까?

- **This way, please.**
  디스 웨이 플리즈
  이쪽입니다.

- **May I lead the way?**
  메이 아이 리드 더 웨이
  안내해 드릴까요?

Dialog

- Which floor is the conference room on?
  위치 플로어르 이즈 더 컨퍼런스 룸 언

- It's at the end of the corridor on the 7th floor.
  잇츠 앳 디 엔드 어브 더 커리더르 온 더 쎄븐스 플로어르

  Take the elevator on your right, please.
  테익 디 엘러베이러르 온 유어르 롸잇 플리즈

회의실은 몇 층에 있습니까?
7층 복도 끝에 있어요.
오른쪽의 엘리베이터를 타세요.

💬 **Where can I find the personnel section?**
웨어르 캔 아이 파인드 더 퍼르스널 섹션

💬 **Certainly, it's the third door to the left.**
써르튼리 잇츠 더 써르드 도어르 투 더 레프트

인사과는 어디 있습니까?
네, 왼쪽 세 번째 문입니다.

💬 **Which way is it to Mr. Johnson's office?**
위치 웨이 이짓 투 미스터르 존슨즈 어피스

💬 **It's on the 3rd floor. May I lead the way?**
잇츠 온 더 써르드 플로어르   메이 아이 리드 더 웨이

💬 **Thank you, if you will.**
쌩큐 이프 유 윌

💬 **This way, please.**
디스 웨이 플리즈

존슨 씨 사무실은 어디입니까?
3층입니다. 안내해 드릴까요?
그렇게 해주신다면 감사하겠습니다.
이쪽입니다.

➡ 「안내하겠습니다.」는 Let me take you there. 또는 I'll show you the way.라고도 한다.

UNIT 27 교통기관을 안내할 때

Daily Expressions of English Conversation

Daily Expressions

- **Does this bus go to Myungdong?**
  더즈 디스 버스 고우 투 명동
  이 버스는 명동에 갑니까?

- **Which track does the express for Busan leave from?**
  위치 트랙 더즈 디 익스프레스 풔r 부산 리브 프럼
  부산행 급행은 몇 번 선에서 떠납니까?

- **Which train must I take to go to Gyeongju?**
  위치 트레인 머스트 아이 테익 투 고우 투 경주
  경주에 가려면 어느 열차를 타야 합니까?

- **Where is the train going?**
  웨어r 이즈 더 트레인 고우잉
  저 열차는 어디에 갑니까?

- **Change at Dongdaemoon to the No. 1 Line.**
  체인지 앳 동대문 투 더 넘버r 원 라인
  동대문에서 1호선으로 갈아타세요.

241

- **How many stops is it from here to Jongro 3 ga?**
  하우 매니 스탑스 이짓 프럼 히어르 투 종로 삼 가
  종로 3가는 여기에서 몇 번째 역입니까?

- **How often do the buses for Seoul Station run?**
  하우 오픈 두 더 버시즈 풔르 써울 스테이션 런
  서울역행 버스는 몇 분마다 다닙니까?

- **Is there any other way to go besides by taxi?**
  이즈 데어르 애니 아더르 웨이 투 고우 비사이즈 바이 택시
  택시 말고 다른 가는 방법이 있습니까?

Dialog

- Could you tell me how to get to the art museum?
  쿠쥬 텔 미 하우 투 겟 투 디 아르트 뮤지엄

- There is a bus stop across the street.
  데어르 이즈 어 버스 스탑 어크러스 더 스트릿

  Take the No. 157 bus and get off at Jongro 1 ga.
  테익 더 넘버르 원 피프티 쎄븐 버스 앤 게로프 앳 종로 일 가

미술관은 어떻게 가면 됩니까?
길 건너편에 버스 정류장이 있습니다.
157번 버스를 타고 종로 1가에서 내리세요.

➔ get off 내리다

💬 **Which track does the special express for Seoul leave from?**
위치 트랙 더즈 더 스페셜 익스프레스 풔르 쎠울 리브 프럼

💬 **It leaves from Track No. 4.**
잇 리브즈 프럼 트랙 넘버르 풔르

서울행 특급은 몇 번선에서 떠납니까?
4번선입니다.

💬 **Does this train stop at Suwon?**
더즈 디스 트레인 스탑 앳 수원

💬 **No, it doesn't.**
노우 잇 더즌ㅌ

You have to change to a local train at the next stop.
유 햅 투 체인지 투 어 로우컬 트레인 앳 더 넥슷 스탑

이 열차는 수원에 섭니까?
아뇨, 서지 않아요. 다음 역에서 완행으로 갈아타세요.

➔ local train 완행열차

💬 **Please tell me how to go to Yoido.**
플리즈 텔 미 하우 투 고우 투 여의도

💬 **Take the subway to Gwanghwamoon and then change to the No. 5 Line.**
테익 더 서브웨이 투 광화문 앤 덴 체인지 투 더 넘버르 파이브 라인

여의도에는 어떻게 가면 됩니까?
지하철을 타고 광화문까지 가서 5호선으로 갈아타세요.

UNIT 28 ▶ 길안내 – 장소 방향을 물을 때

Daily Expressions of English Conversation

Daily Expressions

■ **Where am I?**
웨어르 앰 아이
여기는 어디입니까?

■ **I've lost my way.**
아이브 로스트 마이 웨이
길을 잃었습니다.

■ **What's the name of this street?**
왓츠 더 네임 어브 디스 스트릿ㅌ
이 거리의 이름은 무엇입니까?

■ **Where's the bus stop?**
웨어르즈 더 버스 스탑
버스정류장은 어디입니까?

■ **Which way is south?**
위치 웨이 이즈 사우스
남쪽은 어디입니까?

■ **Is Myungdong far from here?**
이즈 명동 파르 프럼 히어르
명동은 여기서 멉니까?

- **Is it close to Children's Grand Park?**
  이즈 잇 클로우즈 투 췰드런즈 그랜드 파르크

  어린이 대공원은 여기서 가깝습니까?

- **Please show me where I am on this map.**
  플리즈 쇼우 미 웨어r 아이 앰 온 디스 맵

  이 지도에서 현재 위치를 가르쳐 주십시오.

- **What part of the city is this?**
  왓 파러브 더 씨리 이즈 디스

  여기는 시의 어느 부분입니까?

- **Is it in that direction?**
  이짓 인 댓 디렉션

  저 방향입니까?

Dialog

- **Excuse me, officer.**
  익스큐즈 미 어피서r

- **Yes. Can I help you?**
  예스   캔 아이 헬프 유

- **I think I've lost my way. Where am I now?**
  아이 씽크 아이브 로스트 마이 웨이   웨어r 앰 아이 나우

- **You are on 37th Street. Where would you like to go?**
  유 아r 온 써리 쎄븐스 스트릿   웨어r 우쥬 라익 투 고우

- **I'd like to go to the city office.**
  아이드 라익 투 고우 투 더 씨리 오피스

  Will this street lead me to it?
  윌 디스 스트릿 리드 미 투 잇

💬 **No, you are going in the opposite direction.**
노우 유 아르 고우잉 인 더 아퍼짓 디렉션

You must go back.
유 머슷 고우 백

💬 **I seem to have lost my bearings.**
아이 씸 투 해브 로스트 마이 베어링즈

Please show me where I am on this map.
플리즈 쑈우 미 웨어르 아이 앰 온 디스 맵

💬 **Well, let me see …. You are right here … and here is the city office. So you have to go that way.**
웰 렛 미 씨 유 아르 롸잇 히어르 앤 히어르 이즈 더 씨리 어피스 쑈우 유 햅 투 고우 댓 웨이

💬 **I see. Thank you for your assistance.**
아이 씨 땡큐 풔르 유어르 어시스턴스

실례합니다. 경관님.
네, 무슨 일입니까?
길을 잃은 것 같은데요. 여기가 어딥니까?
여기는 37번가입니다만 어디로 가십니까?
시청에 가고 싶은데요.
이 길로 가면 됩니까?
아뇨, 반대쪽입니다.
돌아가셔야 합니다.
방향을 잃은 것 같습니다.
이 지도에서 어딘지 가르쳐 주시겠어요?
어디 봅시다 …. 여기가 지금 당신이 있는 곳이고 여기가 시청이니까 저쪽으로 가야 합니다.
그렇군요. 대단히 감사합니다.

➔ city office 시청. city hall이라고도 한다.

UNIT 29 길안내 - 길을 물을 때

Daily Expressions of English Conversation

Daily Expressions

- **Where does this road lead?**
  웨어r 더즈 디스 로우드 리드
  이 길은 어디로 가는 길입니까?

- **Which is the way to Jongro 2 ga?**
  위치 이즈 더 웨이 투 종로 이 가
  종로 2가로 가는 길은 어디입니까?

- **Would you please tell me the way to the nearest station?**
  우쥬 플리즈 텔 미 더 웨이 투 더 니어리스트 스테이션
  역으로 가는 가장 가까운 길을 가르쳐 주시겠습니까?

- **How can I get to the museum?**
  하우 캔 아이 겟 투 더 뮤지엄
  박물관에는 어떻게 가면 됩니까?

- **Is this the right way to Seoul Station?**
  이즈 디스 더 롸잇 웨이 투 써울 스테이션
  이 길이 서울역으로 가는 길이 맞습니까?

- **I'm looking for the Korean Embassy.**
  아임 루킹 풔r 더 코리안 엠버씨
  한국대사관을 찾고 있습니다.

- **Is there a post office near here?**
  이즈 데어르 어 포우스트 어피스 니어르 히어르
  이 근처에 우체국이 있습니까?

- **What's the shortcut to the station?**
  왓츠 더 쇼르트컷 투 더 스테이션
  역으로 가는 지름길은 어디입니까?

- **Please tell me how to get there.**
  플리즈 텔 미 하우 투 겟 데어르
  그곳에 가는 방법을 가르쳐 주세요.

Dialog

- **Excuse me, but which is the way to Dongdaemoon?**
  익스큐즈 미 벗 위치 이즈 더 웨이 투 동대문
- **It's that way.**
  잇츠 댓 웨이

실례지만 동대문으로 가는 길은 어디입니까?
저 길입니다.

- **I'm sorry to bother you, but is this the right way to Seoul Station?**
  아임 쏘리 투 바더르 유 벗 이즈 디스 더 롸잇 웨이 투 써울 스테이션
- **Yes, it is. Seoul Station is about 200 meters down this street.**
  예스 잇 이즈   써울 스테이션 이즈 어바웃 투 헌드레드 미터즈 다운 디스 스트릿

죄송하지만 서울역으로 가는 길은 이 길이 맞습니까?
네, 그렇습니다. 서울역은 이 길 약 2백 미터 앞에 있습니다.

💬 **I'm sorry to trouble you, but is there a department store near here?**
아임 쏘리 투 트러블 유 벗 이즈 데어르 어 디파르트먼트 스토어르 니어르 히어르

💬 **Yes, there is. You see the white building of five stories over there. That's it.**
예스 데어르 이즈　유 씨 더 와잇 빌딩 어브 파이브 스토리즈 오우버르 데어르　댓츠 잇

💬 **Much obliged.**
머치 어블라이지드

죄송하지만 이 근처에 백화점이 있습니까?

네, 있어요. 저 하얀 5층 건물이 보이지요. 거기가 백화점입니다.

감사합니다.

➲ Much obliged는 I'm much obliged to you for the kindness.를 줄여서 말한 것

249

UNIT 30 길안내 - 가는 방법 안내를 부탁할 때

Daily Expressions of English Conversation

Daily Expressions

- **How far is it from here?**
  하우 파르 이짓 프럼 히어르
  여기서 얼마나 멉니까?

- **Is it within walking distance?**
  이짓 위딘 워킹 디스턴스
  걸어갈 만한 거리입니까?

- **Can I get there by subway?**
  캔 아이 겟 데어르 바이 서브웨이
  지하철로 갈 수 있습니까?

- **Is there a service of buses?**
  이즈 데어르 어 서르비스 어브 버시즈
  버스 편은 있습니까?

- **How long does it take to get there on foot?**
  하우 롱 더짓 테익 투 겟 데어르 온 풋
  걸어서 얼마나 걸립니까?

- **Would you please draw a map to the subway station?**
  우쥬 플리즈 드러 어 맵 투 더 서브웨이 스테이션
  지하철역까지 약도를 그려 주시겠습니까?

■ **Are there any landmarks along the way?**
아르 데어르 애니 랜드막스 어롱 더 웨이

도중에 무슨 표시가 있습니까?

■ **What does that traffic sign mean?**
왓 더즈 댓 트래픽 사인 민

저 교통신호는 무슨 의미입니까?

■ **Would you mind taking me to Tapgol Park?**
우쥬 마인드 테이킹 미 투 탑골 파크

저를 탑골 공원까지 데려다 주시겠습니까?

Dialog

💬 **Where would you like to go?**
웨어르 우쥬 라익 투 고우

💬 **I'd like to go to the National Museum. Is it very far from here?**
아이드 라익 투 고우 투 더 내셔널 뮤지엄   이짓 베리 파르 프럼 히어르

💬 **It's not so far. It's within walking distance.**
잇츠 낫 쏘우 파르   잇츠 위딘 워킹 디스턴스

💬 **How long will it take?**
하우 롱 윌 잇 테이크

💬 **About 10 minutes' walk, I guess.**
어바웃 텐 미닛츠 워크 아이 게스

어디에 가고 싶습니까?
국립박물관에 가고 싶은데 여기서 멉니까?
멀지 않아요. 걸어서 갈 수 있어요.
얼마나 걸립니까?
걸어서 약 10분 정도인 것 같습니다.

💬 **Can I walk there?**
캔 아이 워크 데어ㄹ

💬 **You could, but I think it would take more than 40 minutes.**
유 쿠드 벗 아이 씽크 잇 우드 테익 모어ㄹ 댄 풔리 미닛츠

You should go by bus.
유 슈드 고우 바이 버스

💬 **Where can I find the bus stop?**
웨어ㄹ 캔 아이 파인 더 버스 스탑

💬 **It's just around the corner. You can't miss it.**
잇츠 저스트 어라운드 더 코ㄹ너ㄹ   유 캔트 미스 잇

거기까지 걸어서 갈 수 있습니까?
걸어서 갈 수는 있지만 약 40분 정도 걸릴 것 같습니다.
버스로 가는 게 좋아요.
버스 정류장은 어디에 있습니까?
모퉁이를 돌면 바로 있습니다. 금방 찾을 수 있어요.

UNIT 31 길안내 - 길을 가르쳐 줄 때

Daily Expressions of English Conversation

Daily Expressions

- **Turn right at the second corner.**
  턴 롸잇 앳 더 세컨 코너르
  2번째 모퉁이에서 오른쪽으로 도세요.

- **Go straight on along this street for about 300 meters.**
  고우 스트레잇 온 어롱 디스 스트릿 풔르 어바웃 쓰리 헌드레드 미러르즈
  이 길을 3백 미터 정도 똑바로 가세요.

- **It's about 3 blocks down this street.**
  잇츠 어바웃 쓰리 블록스 다운 디스 스트릿
  3블록 정도 앞에 있습니다.

- **It's just around the corner.**
  잇츠 저스트 어라운 더 코너르
  모퉁이를 돌면 바로 있습니다.

- **It's on the corner.**
  잇츠 온 더 코너르
  모퉁이에 있습니다.

- **It's next to the bank on the left.**
  잇츠 넥슷 투 더 뱅크 온 더 레프트
  은행 왼쪽 옆에 있습니다.

- **It's the fifth building from the corner.**
  잇츠 더 핍스 빌딩 프럼 더 코너r
  모퉁이에서 5번째 건물입니다.

- **It's just across the street from a supermarket.**
  잇츠 저스트 어크러스 더 스트릿 프럼 어 수퍼마r킷
  길을 건너서 슈퍼마켓 맞은편에 있습니다.

- **You'll find it on your right.**
  유일 파인딧 온 유어r 롸잇
  오른쪽에 있습니다.

- **You've come too far.**
  유브 컴 투 파r
  지나쳐 왔습니다.

- **Go back until you come to the bridge.**
  고우 백 언틸 유 컴 투 더 브릿지
  다리 있는 곳까지 돌아가세요.

Dialog

- **Excuse me, but would you please tell me the way to the National Theater?**
  익스큐즈 미 벗 우쥬 플리즈 텔 미 더 웨이 투 더 내셔널 씨어러r

- **Certainly. Go straight along this street and turn right at the third corner.**
  써r튼리   고우 스트레잇 어롱 디스 스트릿 앤 턴 롸잇 앳 더 써r드 코너r

  It's on the seventh block on your left.
  잇츠 온 더 쎄븐스 블록 온 유어r 레프트

죄송하지만 국립극장에 가는 길을 가르쳐 주시겠습니까?
네, 이 길을 똑바로 가서 3번째 모퉁이에서 오른쪽으로 도세요.
거기에서 7블록 가면 왼쪽에 있어요.

💬 **Pardon me, but I'm looking for Lotte Hotel.**
파르든 미 벗 아임 루킹 풔r 롯데 호우텔

💬 **Can you see the traffic light over there?**
캔 유 씨 더 트래픽 라잇 오우버r 데어r

💬 **Yes, I can see it.**
예스 아이 캔 씨 잇

💬 **Cross the street there and go straight until you come to the second intersection.**
크러스 더 스트릿 데어r 앤 고우 스트레잇 언틸 유 컴 투 더 세컨 인터r섹션

Lotte Hotel is beyond the intersection.
롯데 호우텔 이즈 비언 디 인터r섹션

죄송하지만 롯데호텔을 찾고 있는데요.
저기 교통신호가 보이지요?
네, 보입니다.
거기에서 길을 건너서 2번째 교차로가 나올 때까지 똑바로 가세요.
롯데호텔은 그 교차로 끝에 있습니다.

UNIT 32 길안내 - 길을 가르쳐 줄 수 없을 때

Daily Expressions of English Conversation

Daily Expressions

- **Are you familiar with this area?**
  아르 유 퍼밀리어르 위드 디스 에어리어
  이 지역을 잘 아세요?

- **I'm sorry, but I'm quite a stranger around here.**
  아임 쏘리 벗 아임 콰잇 어 스트레인저르 어라운드 히어르
  미안하지만 이곳은 전혀 모릅니다.

- **It's my first time here.**
  잇츠 마이 풔르스트 타임 히어르
  이곳은 처음입니다.

- **Let me ask the person over there.**
  렛 미 애스크 더 퍼르슨 오우버르 데어르
  저기 저 사람에게 물어볼게요.

- **Please ask someone else.**
  플리즈 애스크 썸원 엘스
  다른 사람에게 물어보세요.

- **I'll take you to the police box.**
  아일 테익큐 투 더 폴리스 박스
  파출소에 데려다 드릴게요.

- **I'll take you part of the way.**
  아일 테익큐 파르트 어브 더 웨이
  도중까지 데려다 드릴게요.

- **I'm going that way myself.**
  아임 고우잉 댓 웨이 마이셀프
  저도 그쪽으로 가는 중입니다.

- **It's on my way.**
  잇츠 온 마이 웨이
  제가 지금 가고 있는 길입니다.

Dialog

- Excuse me, but could you tell me how to get to Restaurant "Paris"?
  익스큐즈 미 벗 쿠쥬 텔 미 하우 투 겟 투 레스터렁 패리스

- I'm sorry. I'm a stranger around here, but there's a police box on the next corner.
  아임 쏘리   아임 어 스트레인저 어라운드 히어르 벗 데어르저 폴리스 박스 온 더 넥스트 코르너르

  I'll take you there, if you like.
  아일 테익큐 데어르 이퓨 라이크

- Isn't it too much trouble?
  이즌 잇 투 머치 트러블

- Not at all. I'm walking in that direction, too.
  나래롤   아임 워킹 인 댓 디렉션 투

- That's very kind of you.
  댓츠 베리 카인드 어브 유

- You're welcome.
  유아르 웰컴

실례지만 파리레스토랑은 어떻게 가면 됩니까?
미안하지만 이 근처는 처음인데요. 다음 모퉁이에 파출소가 있으니까 괜찮으시다면 데려다 드리지요.
너무 수고스럽지 않습니까?
아니에요. 저도 그쪽으로 가는 중이거든요.
친절에 감사드립니다.
천만에요.

➔ Isn't it too much trouble?과 같은 의미로 I hate to trouble you.라고 한다.

✱ 건물내

안내	information desk	안내계	receptionist
복도	corridor	계단	stairs
입구	entrance	출구	exit
본사	head office	지사	branch
공장	factory	연구소	laboratory
홍보	public relations	문서	files
총무	general affairs	재무	finance
기획	planning	경리	general accounting
관리	administrative	조사 / 연구	research
기술	technical	개발	development
수출	export	수입	import
판매	sales promotion		

Tips

✱ 거리

건널목	railroad crossing	신호등	traffic light
다리	bridge	골목길 / 좁은 길	lane
오솔길 / 좁은 길	alley	우회로	detour
삼거리	three-forked road	교차로	crossroad
막다른 골목	blind alley	막다른 길	dead end
오르막	ascent	내리막	descent
보도	sidewalk	국도	highway
고속도로	express way	무료 고속도로	freeway
지하도	underpass	횡단보도	pedestrian crossing
유료도로	tollway	넓은 가로수 길	boulevard
육교	overpass	교차점	intersection
고가철도	railroad overpass	주유소	gas station
주차장	parking lot	공지	vacant lot
도로표지	road sign	3층 건물	three-story building
간판	signboard	우체통	mailbox

UNIT 33 전화 - 가정에서

Basic Expressions of English Conversation

Daily Expressions

- **Is this the Kim residence?**
  이즈 디스 더 킴 레지던스
  김 선생님 댁입니까?

- **Who is calling, please?**
  후 이즈 콜링 플리즈
  누구십니까?

- **Hello, this is Dong-su Kim speaking.**
  헬로우 디스 이즈 동수 킴 스피킹
  여보세요. 김동수입니다.

- **Could[May] I speak to Helen, please?**
  쿠드[메이] 아이 스픽 투 헬렌 플리즈
  헬렌을 부탁합니다.

- **Please hold the line a moment.**
  플리즈 호울드 더 라인 어 모우먼트
  잠깐만 끊지 말고 기다리세요.

- **Will you hold on?**
  윌 유 호울드 온
  잠깐 기다리시겠어요?

- **There's a phone call for you from Mr. Carter.**
데어ㄹ저 포운 콜 풔ㄹ 유 프럼 미스터ㄹ 카ㄹ터ㄹ

카터 씨에게서 전화 왔어요.

- **You're wanted on the phone.**
유아ㄹ 원티드 온 더 포운

당신 전화입니다.

- **This is she[he] speaking.**
디스 이즈 쉬[히] 스피킹

전데요.

- **Will you put Jim on?**
윌 유 풋 짐 언

짐을 바꿔 주시겠습니까?

Dialog

- Hello. Is this the Spender residence?
  헬로우 이즈 디스 더 스펜더ㄹ 레지던스
- Yes. Who's calling, please?
  예스 후즈 콜링 플리즈
- This is Palmer speaking. Is Mr. Spender in?
  디스 이즈 팔머ㄹ 스피킹   이즈 미스터ㄹ 스펜더ㄹ 인
- Yes. Please hold the line a moment.
  예스 플리즈 호울드 더 라인 어 모우먼트
- Hello. This is he speaking.
  헬로우 디스 이즈 히 스피킹

> 💬 **Good evening, Mr. Spender.**
> 굿 이브닝 미스터ㄹ 스펜더ㄹ
>
> **I'm calling you to find out if I can visit your office tomorrow.**
> 아임 콜링 유 투 파인드 아웃 이프 아이 캔 비짓 유어ㄹ 오피스 투마로우
>
> 💬 **Why, certainly.**
> 와이 써르튼리
>
> 💬 **What is the most convenient time for you?**
> 왓 이즈 더 모우스트 컨비니언트 타임 풔ㄹ 유
>
> 💬 **Any time will do.**
> 애니 타임 윌 두
>
> 💬 **Then, I'll call on you at 3 o'clock.**
> 덴 아일 콜 온 유 앳 쓰리 어클락
>
> 💬 **Good! See you tomorrow.**
> 굿   씨 유 투마로우

여보세요. 스펜더 씨 댁입니까?

네, 누구십니까?

파머인데요, 스펜더 씨 계십니까?

네, 잠깐만 기다리세요.

여보세요, 전데요.

안녕하세요, 스펜더 씨. 내일 사무실에서 만날 수 있는지 알아보고 싶어서 전화했어요.

네, 좋아요.

몇 시가 제일 좋겠어요?

언제라도 좋아요.

그럼 3시에 뵙겠습니다.

알겠습니다! 내일 뵙겠습니다.

UNIT 34 전화 - 부재중일 때

Daily Expressions of English Conversation

Daily Expressions

- **He is not at his desk at the moment.**
  히 이즈 낫 앳 히즈 데스크 앳 더 모우먼트
  그는 잠깐 자리를 비웠습니다.

- **Shall I take a message?**
  쉘 아이 테이커 메시지
  제가 전언을 받아 둘까요?

- **May I leave a message for him?**
  메이 아이 리브 어 메시지 풔r 힘
  전언을 남겨도 됩니까?

- **I'll call again later.**
  아일 콜 어겐 레이러r
  다시 전화하겠습니다.

- **Shall I have him call you back?**
  쉘 아이 해브 힘 콜 유 백
  당신에게 전화하라고 할까요?

- **Would you tell him that I called?**
  우쥬 텔 힘 댓 아이 콜드
  제가 전화했다고 전해 주시겠습니까?

■ **Could you ask him to call me at 921-7624?**
쿠쥬 애스크 힘 투 콜 미 앳 나인 투 원 쎄븐 씩스 투 풔르

921-7624로 전화 달라고 전해 주시겠습니까?

■ **Can I reach him by telephone?**
캔 아이 리치 힘 바이 텔레포운

그의 출장지로 전화연락을 할 수 있습니까?

■ **I'm returning your call.**
아임 리터닝 유어ㄹ 콜

전화하셨다고요.

Dialog

💬 **Could I speak to Mr. Moore, please?**
쿠다이 스픽 투 미스터ㄹ 무어ㄹ 플리즈

💬 **I'm sorry. He is out at the moment.**
아임 쏘리   히 이즈 아웃 앳 더 모우먼트

💬 **When do you expect him back?**
웬 두 유 익스펙트 힘 백

💬 **I think he'll be back in about an hour, at the latest.**
아이 씽크 히일 비 백 인 어바웃 언 아우어ㄹ 앳 더 레이티스트

💬 **Well, may I leave a message, please?**
웰 메이 아이 리버 메시지 플리즈

💬 **Yes, of course.**
예스 어브 코ㄹ스

💬 **Would you please ask him to call John Clark when he gets back?**
우쥬 플리즈 애스크 힘 투 콜 존 클라크 웬 히 겟츠 백

💬 **Certainly. May I have your phone number, please?**
써르튼리　　　메이 아이 해브 유어르 포운 넘버르 플리즈

💬 **I'll be at the following number all evening:**
아일 비 앳 더 팔로잉 넘버르 올 이브닝

921-7624.
나인 투 원 쎄븐 씩스 투 풔르

💬 **All right. Thank you for calling.**
올 롸잇　　　땡큐 풔르 콜링

무어 씨를 부탁합니다.
죄송하지만 그는 지금 외출 중입니다.
언제 들어오십니까?
늦어도 1시간 뒤에는 돌아올 것 같습니다.
그럼, 전언을 남겨도 됩니까?
네, 그러세요.
돌아오면 존 클락에게 전화 달라고 전해 주시겠습니까?
알겠습니다. 전화번호를 물어도 됩니까?
오늘 밤에는 921-7624에 있을 겁니다.
알겠습니다. 대단히 고맙습니다.

UNIT 35 전화 - 사무실에서

Daily Expressions of English Conversation

Daily Expressions

- **Extension 277, please.**
  익스텐션 투 쎄븐 쎄븐 플리즈
  내선 277을 부탁합니다.

- **Could you connect me with Mr. Brown?**
  쿠쥬 커넥트 미 위드 미스터ㄹ 브라운
  브라운 씨에게 연결해 주시겠어요?

- **Will you transfer this call to the general affairs section?**
  윌 유 트렌스풔ㄹ 디스 콜 투 더 제너럴 어페어ㄹ즈 섹션
  이 전화를 총무과로 돌려주시겠어요?

- **Will you put me through to the production department?**
  윌 유 풋 미 쓰루 투 더 프러덕션 디파ㄹ트먼트
  생산부를 연결해 주시겠어요?

- **Whom would you like to talk to?**
  훔 우쥬 라익 투 톡 투
  어느 분과 통화하고 싶습니까?

- **Would you call Mr. Taylor to the phone, please?**
우쥬 콜 미스터ㄹ 테일러ㄹ 투 더 포운 플리즈

테일러 씨를 바꿔 주시겠습니까?

- **I'd like to speak to Mr. Taylor.**
아이드 라익 투 스픽 투 미스터ㄹ 테일러ㄹ

테일러 씨와 통화하고 싶습니다.

- **Line is busy.**
라인 이즈 비지

통화 중입니다.

- **He is on another (phone) line now.**
히 이즈 온 어나더ㄹ 포운 (라인) 나우

다른 전화를 받고 있습니다.

- **I'll put him on.**
아일 풋 힘 온

곧 그를 연결하겠습니다.

Dialog

- Johnson Company. May I help you?
존슨 컴퍼니   메이 아이 헬퓨

- Could you connect me with Mr. Morgan of the secretary section?
쿠쥬 커넥 미 위드 미스터ㄹ 모ㄹ건 어브 더 세크러테리 섹션

- We have two Morgans in that section.
위 해브 투 모ㄹ건즈 이니 댓 섹션

268

What is his first name, please?
왓 이즈 히즈 풔르스트 네임 플리즈

Bill Morgan, I suppose.
빌 모르건 아이 써포우즈

Just a moment, sir …. Mr. Morgan is on the line.
저스터 모우먼트 써ㄹ   미스터ㄹ 모르건 이즈 온 더 라인

존슨사입니다. 무슨 용건이십니까?
비서실의 모건 씨에게 연결해 주시겠습니까?
그 부서에는 모건이라는 분이 두 분 계신데요.
이름이 어떻게 됩니까?
빌 모건인 것 같은데요.
잠깐만 기다리세요. … 모건 씨가 나왔습니다.

➔ first name 이름
  cf. last name; family name 성

I'd like to speak to Mr. Ford, please.
아이드 라익 투 스픽 투 미스터ㄹ 포르드 플리즈

I'm sorry, but he is on another phone now.
아임 쏘리 벗 히 이즈 온 어나더ㄹ 포운 나우

Would you like to wait?
우쥬 라익 투 웨잇

Well, no.
웰 노우

I'll call him up again in twenty minutes. Thank you.
아일 콜 힘 업 어겐 인 트웨니 미닛츠   땡큐

포드 씨와 통화하고 싶습니다.
죄송하지만 그는 지금 다른 전화를 받고 있는데요.
기다리시겠습니까?
아닙니다.
20분 뒤에 다시 걸겠습니다. 감사합니다.

UNIT 36 잘못 걸린 전화 기타

Daily Expressions of English Conversation

Daily Expressions

- **You have the wrong number.**
  유 해브 더 뤙 넘버ㄹ
  잘못 거셨습니다.

- **I'm sorry. I've called the wrong number.**
  아임 쏘리   아이브 콜드 더 뤙 넘버ㄹ
  미안합니다. 잘못 거셨습니다.

- **What number are you calling?**
  왓 넘버ㄹ 아ㄹ 유 콜링
  몇 번에 거셨습니까?

- **May I use the telephone?**
  메이 아이 유즈 더 텔레포운
  전화를 써도 됩니까?

- **Could you tell me how to call outside?**
  쿠쥬 텔 미 하우 투 콜 아웃사이드
  외선은 어떻게 걸면 됩니까?

- **What number should I dial to get the operator?**
  왓 넘버ㄹ 슈다이 다이얼 투 겟 더 아퍼레이러ㄹ
  교환을 부르려면 몇 번에 걸어야 합니까?

- **We were cut off.**
  위 워르 컷 어프

  전화가 끊겼습니다.

- **I can't get through.**
  아이 캔트 겟 쓰루

  연결이 되지 않는데요.

- **The lines seem to be crossed.**
  더 라인즈 씸 투 비 크러스트

  전화가 혼선인 것 같습니다.

- **The number is out of order.**
  더 넘버 이즈 아웃 어브 오르더르

  전화가 고장입니다.

Dialog

- **Would you please call Samuel Robertson to the phone?**
  우쥬 플리즈 콜 쌔무얼 로버르슨 투 더 포운

- **Samuel Robertson?**
  쌔무얼 로버르슨

  There's no one by that name here.
  데어르즈 노우 원 바이 댓 네임 히어르

  I'm afraid you have the wrong number.
  아임 어프레이드 유 해브 더 륑 넘버르

- **Oh, I'm very sorry to have bothered you.**
  오우 아임 베리 쏘리 투 해브 바더르드 유

- **That's all right.**
  댓츠 올 롸잇

사무엘 로버트슨 씨를 바꿔 주시겠습니까?

사무엘 로버트슨이라고요? 그런 이름을 가진 분은 안 계십니다. 전화를 잘못 거신 것 같습니다.

아, 대단히 죄송합니다.

괜찮아요.

> 💬 **Hello. Is this the Watson residence?**
> 헬로우 이즈 디스 더 왓슨 레지던스
>
> 💬 **I'm sorry, this isn't.**
> 아임 쏘리 디스 이즌트

왓슨 씨 댁입니까?

아닌데요.

> 💬 **Could you tell me how to call outside?**
> 쿠쥬 텔 미 하우 투 콜 아웃사이드
>
> 💬 **Certainly.**
> 써르튼리
>
> **Dial zero first and then the number you want.**
> 다이얼 지로우 풔르스트 앤 덴 더 넘버ㄹ 유 원트

외선은 어떻게 거는지 알려주시겠어요?

물론이죠.

먼저 0번을 돌리고 나서 전화번호를 돌리세요.